웃기는 수학자 이광연 교수가 만들어 주는 맛있는 수학, 맛있게 먹기!

밥상에 오른 수학

밥상에 오른

이광연 지음 | 노희성 그림

상상스쿨

들어가는 말

숫자와 식이 없는 수학이 있다면 얼마나 행복할까? 우리는 매일 학교에서 숫자와 식, 도형과 그래프로 수학을 배운다. 수학은 어렵고 골치 아픈 학문이라는 생각이 먼저 든다. 수학, 정말 재미있게 공부하고 이해할 수는 없는 것일까?

여러 세대를 거치는 동안 수학은 조금씩 변형되고 그 세계는 자꾸 넓어져서, 이제는 어떻게 시작되었고 어디로 가고 있는지 알기도 힘들어졌다. 수학을 전공하고, 연구하는 사람들까지도 자기의 관심 분야 이외에는 이해할 수 없는 수학이 너무 많아졌다.

이렇게 많고 방대한 수학 속에 묻혀 사는 우리는 수학에 눌려서 숨도 제대로 못 쉬는 지경이 되었다. 그럼 어떻게 하면 이런 어려움에서 빠져 나올 수 있을까? 그것은 바로 수학적 발상을 키우는 것이다.

여러분도 알다시피 수학은 오랫동안 공부한다고 반드시 잘하게 되는 것이 아니다. 수학에는 '수학적 발상'이 필요하기 때문인데, 수학적 발상이야말로 수학에 흥미를 느끼게 하고, 수학을 잘 하게 만드는 기본이 되는 것이다. 또한 수학을 공부하는 것은 논리적으로 생각하도록 훈련하는 것과 같다. 따라서 어떤 방법으로, 어떻게 생각하느냐에 따라서 수학을 잘 하고 못 하고가 결정된다고 할 수 있다.

그렇다면 수학적 발상을 키울 수 있는 가장 좋은 방법은 무엇일까? 세상의 많은 문제가 그렇듯이 답은 의외로 간단하다. 이 질문의 답은 바로 책을 읽는 것이다. 책 속에는 해

자유로운

답도 있고, 즐거움도 있고, 슬픔도 있고, 밝은 미래도 있다. 한 마디로 책 속에는 세상이 모두 들어 있는 것이다. 그래서 수학적 발상을 키우는 책읽기로 여러분에게 이 책을 권한다.

이 책을 읽는 여러분은 수학적 발상과 수학적 사고 방식이 키워져서 수학에 대한 거부감이 줄어들고, 의외로 쉬운 수학을 발견하게 될 테니까.

우리는 무슨 문제이든지 너무 어렵게 생각하는 경향이 있다. 특히 수학에서는 더욱 그렇다. 설마 이렇게 쉽게 답이 나오는 것은 아닐 텐데……. 그러나 대부분의 수학은 그렇게 쉽게 답이 나오고 해결된다.

이 책에서는 되도록 수식을 사용하지 않고 즐길 수 있는 수학, 더욱이 실험을 해서 직접 느낄 수 있는 것들을 소개했다. 따라서 본문에 여러 가지 그림이 많이 들어가 있다. 이 그림들을 보고 머릿속에 또다른 그림을 그릴 수 있도록 노력해 보기 바란다. 이 책을 다 읽은 뒤에 여러분은 자신의 수학적 발상이 한 단계 높아졌다는 것을 느끼게 될 것이다.

자유로운 상상이야말로 수학의 아름다움이고, 수학적 발상과 같은 것이다.

여러분 모두 수학에서 자유로워지는 그 날을 기대한다.

3월, 가야산 줄기에서
이 광 연

 | 차례

마술로 보여 주는 클립 끼우기 · 10

미로찾기 · 16

바둑돌 줍기 · 27

종이접기 · 34

쉬운 분수 계산 · 40

신화에서 수학찾기 · 48

마술로 보여 주는 바둑돌 개수 맞히기 · 58

두 개의 원을 이용한 정다각형 그리기 · 64

옛날 옛적의 숫자들 · 71

사물함 열고 닫기 · 82

귀뚜라미의 수학 · 90

마술로 보여 주는 고무줄 옮기기 · 96

모양 이어 붙이기 · 98

열쇠의 비밀 · 104

종이 매듭으로 정다각형 만들기 · 112

그림으로 푸는 퍼즐 · 116

달력 속에 숨어 있는 수학 · 122

마술로 보여 주는 끈 놀이 · 130

점자를 알아보자 · 134

운동화 끈 매기 · 139

벌과 수학 · 143

머리가 좋아지는 샘 로이드의 퍼즐 · 151

마술로 보여 주는 손수건 묶기 · 158

지문과 수학 · 161

피타고라스의 정리 실험하기 · 166

놀이로 알아 내는 소수 · 176

암호 만들기 · 181

성벽 쌓기 놀이 · 186

해답 · 193

부록 · 197

수학을 공부하는 이유 중 하나는
틀에 박혀 있지 않는 생각의 자유로움에 있다.
이렇게도 생각해 보고, 저렇게도 생각해 보면서 주어진 문제의 답을
찾는 기쁨과 즐거움을 알게 되면 수학이 재미있어진다.
이는 논리적인 발상과 사고를 필요로 하는데, 그렇다면 과연
어떻게 하면 수학의 기본을 이루는 논리를 키울 수 있을까?
이것은 여러분이 생각하는 만큼 결코 어려운 문제가 아니다.
사실 우리의 삶은 논리를 기본 바탕으로 하고 있다.
다만 여러분이 그 사실을 느끼지 못하고 있을 뿐이다.
이 책을 통하여 수학적인 발상과 수학적인 사고 방식을 키우기 바란다.

마술로 보여 주는 클립 끼우기

　최근 들어 마술에 대한 관심이 단순한 흥미거리, 그 이상으로 표현되고 있다. 마술만을 보여 주는 전문 공연장이 생기고, 여기저기 마술 경연 대회도 열린다. 게다가 초등학교 방과 후 학습 시간에 마술을 배우기도 한다. 너무나 신비하고 환상적인 마술의 세계는 하는 사람이나 보는 사람 모두에게 즐거움을 준다. 뿐만 아니라 꿈과 상상의 세계, 그 너머 신비의 세계를 꿈꾸게 한다.
　그런 의미에서 수학은 마술과 비슷하다. 원리를 이해하면 마술보다 더 신비하고 환상적인 세계를 발견하게 되고, 문제를 풀어 나가다 보면 마술보다 더한 성취감을 느끼기 때문이다.
　마술은 흔히 요술이라고도 하는데, 사전에서는 '마술은 규모가 있는 장치나 도구, 솜씨가 동원되는 편이어서 무대 같은 넓은 연기 장소가 필요하고, 요술은 규모가 작고 넓은 자리가 아니라도 손재주 하나만으로 해 보일 수 있는 속임수의 재주'라고 그 차이점을 설명하고 있다.

서양의 마술은 문명과 더불어 시작했다고 할 만큼 역사가 무척 깊다.

초기의 마술은 구슬이나 작은 돌 같은 것을 손 안에서 사라지게 하거나 다시 나타나게 하는 정도의 눈속임에 지나지 않았다. 이집트에서는 5000년 전에 마술이 행해졌다는 기록이 있는데, 밀랍으로 만든 악어 인형을 진짜 살아 있는 악어로 바꾸는 마술, 연못 바닥에 보석을 떨어뜨린 다음 주문을 외면 연못이 둘로 갈라지며 보석이 나타나는 마술, 펠리컨이나 소의 머리를 잘랐다가 원래대로 되돌려놓는 마술 등이 있었다.

그리스·로마 시대의 마술은 주로 컵과 구슬을 이용한 마술로, 대개는 세 개의 컵을 사용해서 여러 가지 현상을 보여 주는 것이었다.

한편, 백마를 탄 멋진 흑기사가 용에게 붙잡힌 공주님을 구하러 다니던 중세에는 마술이나 요술이 그다지 발달하지 않았다. 당시에는 마술을 종교와 적대적이고, 사회에 위협적인 것으로 여겼기 때문이다. 하지만 어설프게나마 마술을 흉내내는 풋내기 마술사들에 의해 그 명맥이 겨우 유지되었다. 이 때까지도 마술의 재료는 여전히 컵과 구슬이었다. 컵과 구슬을 이용한 마술 외에 빈 주머니 속에서 달걀 꺼내기, 밧줄을 잘랐다가 다시 원상태로 이어 놓기 등이 있었다. 이 시대의 마술은 항상 곡예와 함께 행해졌고, 본격적인 마술의 시대는 아니었다.

근세에 들어서는 과학 기술의 발달과 함께 여러 가지 도구나 설비를 이용한 제법 규모 있는 마술들이 연구, 고안되었고 곡예와도 분리되었다.

동양의 마술과 요술의 발상지는 중국과 인도이다. 특히 인도에는 소를 신성

하게 여기는 힌두교의 경전 『우파니샤드』와 불교 경전에 마술에 관한 기록이 나타난다. 인도나 아라비아를 배경으로 한 영화에 종종 등장하는 마술이 있는데, 대표적인 것은 저절로 위로 뻗어 오르는 밧줄 마술이다. 이 마술은 우선 밧줄을 땅에 놓고, 마술사가 주문을 외면 밧줄이 하늘로 뻗어 오른다. 그리고 마술사가 계속해서 주문을 외면 밧줄의 끝이 구름 속으로 숨기도 하고, 마술사가 그 밧줄을 타고 올라가기도 한다.

여러분은 혹시 『신밧드의 모험』이나 『알라딘과 요술 램프』 등의 만화영화를 본 적이 있는가? 사실 거기에 등장하는 램프의 요정이나 하늘을 나는 양탄자 같은 것들은 모두 마술적인 상상력에서 나온 것이라 할 수 있다.

인도와 마찬가지로 중국에서도 오래 전부터 마술이 행해졌다는 기록이 많이 남아 있다. 그 중에서도 재미있는 것은 공중을 나는 접시 마술과 작은 항아리에 사람을 넣는 마술이다.

옛날에 인도와 중국의 마술은 수준이 높고 매우 발전된 마술이었을 뿐만 아니라 그 종류도 다양했지만, 중세와 근세를 거치는 동안 더 발전하지 못하고, 명맥만 잇는 정도였다고 한다.

20세기에 들어와서 마술에 과학 기술이 이용되면서 놀랄 만한 발전을 이루었다. 귀신을 불러 내어 대화를 나눌 수 있다는 심령술의 유행에 따라 '예언'이나 '텔레파시' 그리고 '독심술' 같은 심리 마술이 많은 흥미를 끌고 있다. 이는 마술과 초능력의 속임수에 대한 관심으로 이어지고 있다. 물론 모든 초능력을 속임수라고 할 수는 없지만, 대부분 마술과 같은 속임수를 사용하고 있다.

이 장에서는 먼저 속임수가 아닌 수학의 원리를 이용한 마술을 소개한다.

곡선의 움직임을 이용한 마술이다. 직선을 이용하여 곡선을 만드는 것은 비

교적 쉽다. 직선을 그냥 구부리기만 하면 곡선이 된다. 수학적으로는 두 직선의 식을 곱하면 곡선을 얻을 수 있다. 그러나 반대로 곡선에서 직선을 얻기란 쉽지 않다. 구부러진 철사를 반듯하게 펴려면 무척 힘이 드는 것처럼 수학에서도 마찬가지이다.

다음의 마술은 미국의 빌 바우먼이라는 사람이 처음 소개했는데, 그는 이 마술을 '로미오와 줄리엣'이라고 불렀다. 이렇게 부른 까닭은 서로 떨어진 두 개의 클립이 순식간에 하나로 합쳐지기 때문이다. 바우먼은 마술의 극적인 효과를 위해서 금과 은으로 만들어진 클립에 각각 남녀 인형을 장식하여, 두 인형이 합쳐지도록 하는 마술을 보여 주었다.

자, 이제 본격적으로 '로미오와 줄리엣' 마술을 배워 보자.

이 마술에는 지폐 한 장과 클립 두 개가 필요하다. 그리고 다음과 같은 이야기를 들려주면서 준비한 지폐를 그림과 같이 두 번 겹쳐서 잡는다. 이 때 지폐를 너무 꼭 접으면 나중에 클립을 끼우기가 불편해지기 때문에 조심해야 한다.

"어느 마을에 담을 사이에 두고 원수처럼 지내는 두 집안이 있었습니다. 그 두 집에는 각각 로미오와 줄리엣이라는 총각과 처녀가 살고 있었습니다. 바로 이 지폐가 두 집 사이의 벽입니다."

"로미오와 줄리엣은 서로 사랑했지만, 두 집안의 반대로 각각 자기 방에 갇혀 있었습니다. 그러던 어느 날, 로미오는 줄리엣이 그리워 몰래 담에 올라가 줄리엣의 방을 쳐다보고 있었습니다."

그러면서 준비한 클립 하나를 접힌 지폐의 앞부분에 그림과 같이 끼운다.

"로미오의 모습을 본 줄리엣은 얼른 담으로 내려왔습니다."

그리고 옆 그림과 같이 두 번 접은 지폐의 뒷부분에 클립 하나를 더 끼운다.

"담에 선 두 사람은 사랑하는 서로를 향해서 손을 내밀었습니다."

이렇게 말하면서 지폐의 양쪽 끝을 재빨리 잡아당긴다. 그러면 두 개의 클립이 서로 연결되며 튀어나온다.

"이로써 이들의 아름다운 사랑은 마침내 이루어졌습니다."

어떤가, 신기하면서도 쉽고 재미있지 않은가?

미로 찾기

"이번 사건에 대하여 경찰은 아직 아무런 실마리를 찾지 못한 채 사건은 점점 미궁 속으로 빠져들고 있습니다."

신문이나 방송의 뉴스에서 이와 같은 말을 들어 보았을 것이다. 이렇게 쉽게 해결하지 못하는 문제에 부딪쳤을 때 사용하는 '미궁'이란 무슨 뜻일까?

미궁은 미로라고도 하는데, 일단 들어가면 밖으로 나가는 문을 찾을 수 없도록 아주 복잡하게 지은 건물을 말한다. 영어로는 미궁을 '라비린스(labyrinth)'라고 한다. 이는 그리스의 크레타 섬에 있었다는 그리스 신화 속의 미궁 '라비린토스(labyrinthos)'에서 유래된 말이다.

이야기를 시작하기 전에 위의 미로에서 길을 찾아보자.
길을 찾는 데 시간이 좀 걸릴 것이다. 그러나 이 글을 끝까지 읽고나면 쉽게

길을 찾을 수 있을 것이다.

　미로는 모험을 겪는 이야기 속에 자주 등장하는데, 미로를 가장 적절하게 이용한 경우는 바로 『해리포터와 마법사의 돌』이다. '해리포터'의 마법 학교에는 단순히 미로만 있는 것이 아니라, 움직이는 계단이나 주문을 걸어야 열리는 문이 있기 때문에 아마도 이제껏 알려진 것 중 가장 복잡한 미로일 것이다.

　그에 비하면 그리스 신화에 등장하는 최초의 미로 라비린토스는 오히려 길을 찾기가 쉬운 편이다. 인류의 생활 방식과 문화에 커다란 영향을 끼친 『그리스·로마 신화』에는 재미있는 수학 이야기가 많이 나오는데, 미궁이 생긴 유래도 여기에서 찾아볼 수 있다.

　당시의 크레타 섬은 미노스 왕과 그의 왕비 파시파에가 다스리고 있었다. 미노스 왕은 올림포스 최고의 신인 제우스의 아들이었고, 파시파에는 태양의 신인 헬리오스의 딸이었다. 미노스 왕은 올림포스의 신들에게 제물을 잘 바쳤다. 그런데 바다의 신인 포세이돈에게는 제물을 바치지 않았다. 어느 날, 화가 난 포세이돈이 나타나 미노스 왕에게 말했다.

　"크레타 섬은 사방이 바다로 둘러싸여 있는데, 어찌하여 바다의 신인 나에게 제물을 바치지 않는 것이냐? 당장 흰 황소 한 마리를 바쳐라."

　"포세이돈 님, 용서해 주십시오. 제물을 바치겠습니다. 그런데 이 섬에는 흰 황소가 없습니다."

　그러자 포세이돈은 삼지창으로 흰 파도를 몰아와 흰 황소를 만들어 주었다. 그런데 미노스 왕은 포세이돈이 만들어 준 흰 황소가 탐이 나서 제물로 바치지 않고 숨겨 버린다. 신이 이런 일을 어떻게 모를 수가 있겠는가! 결국 포세이돈은 아주 특별한 방법으로 미노스 왕을 혼내 주기로 결심하고는 왕비 파시파에가 흰 황소를 사랑하게 만들어 버렸다. 흰 황소를 너무나 사랑하게 된 왕비는 자신이 암소가 되어 황소의 곁에 있고 싶어졌다. 그러나 그 일은 인간으로서는 도저히 할 수 없는 일이 아닌가?

흰 황소와 깊은 사랑에 빠져 있던 왕비는 손재주가 뛰어나 무엇이든 만들 수 있다는 다이달로스에게 도움을 요청했다. 다이달로스는 불쌍한 왕비를 위해 인간으로서 만들지 말아야 할 것을 만들고 만다. 다이달로스는 왕비가 들어갈 수 있는 암소 모양을 만들어 흰 황소와 같이 지낼 수 있게 해 주었던 것이다.

결국 이 일로 왕비 파시파에는 머리는 황소이고, 몸은 사람처럼 생긴 괴물 미노타우로스를 낳았다. 미노타우로스는 겉모습만 괴물인 것이 아니라 성격도 포악해서 사람들을 마구 잡아먹고 다녔다. 고민하던 미노스 왕은 결국 다이달로스에게 미노타우로스를 가둘 미로를 만들라고 명령했다.

"아무도 빠져 나올 수 없는 미궁을 만들어라. 만약 누군가가 그 미궁에서 빠져 나온다면 너와 너의 아들인 이카로스를 그 미궁에 가둘 것이다."

솜씨 좋은 다이달로스는 아무도 빠져 나올 수 없는 미궁 라비린토스를 만들고, 그 곳에 미노타우로스를 가두었다. 그리고나서 미노스 왕은 전쟁에서 패배한 아테네에게 해마다 일곱 명의 소년과 일곱 명의 소녀를 자신에게 바치도록 했다. 미궁 속에 갇혀 있는 미노타우로스의 먹이로 주기 위해서였다. 아테네 사람들이 괴물의 먹이로 희생되는 것을 참을 수 없었던 아테네 왕의 아들 테세우스는 아이들 대신 미궁으로 들어가 미노타우로스를 죽이고 무사히 빠져 나온다. 이는 미노스 왕의 딸인 아리아드네가 그만 테세우스를 사랑하게 되어, 다이달로스를 졸라서 미로를 탈출할 수 있는 방법을 알아내 테세우스를 빠져 나오게 했던 것이다.

테세우스의 탈출로 인해 다이달로스와 그의 아들 이카로스가 미궁 라비린토스에 갇히게 되었다. 다이달로스는 생각 끝에 하늘을 날아서 탈출하기로 결심하고 오랫동안 새의 깃털을 모았다. 또 미궁의 여기저기 높은 곳에 매달려 있는 벌집도 함께 모았다. 다이달로스는 모아 놓은 벌집에서 나오는 밀랍으로 깃털을 붙여서 날개를 만들었다. 탈출하기 전, 다이달로스는 아들에게 말했다.

"아들아, 높이를 잘 유지하거라. 너무 낮게 날면 바다의 물보라에 날개가 젖어 무거워지고, 너무 높게 날면 태양의 열기에 밀랍이 녹아 떨어지게 된다. 내 곁에만 있으면 안전할 게야."

그러나 미궁을 탈출하던 이카로스는 하늘을 나는 기쁨에 너무 들뜬 나머지 태양에 너무 가까이 다가가 밀랍이 녹아서 떨어져 죽고 말았다. 그 후부터 자기의 분수를 모르고 지나치게 자만하는 경우를 '이카로스의 날개' 라고 한다.

미로라고 하면 앞에서 소개한 것처럼 종이에 그린 퍼즐로서의 미로나 어린이 공원 같은 곳에 있는 미로를 생각하겠지만, 역사적으로 보면 미로는 인간의 실생활에도 가까이 있다. 미로가 실생활에 사용된 예는 고대 이집트의 피라미드에서 찾아볼 수 있다. 피라미드 속에는 죽은 왕과 함께 왕이 지녔던 여러 가지 보물들을 넣어 두었는데, 그 보물을 훔쳐 가지 못하도록 미로를 만들었다.

모험 영화인 『인디애나 존스』나 『미이라』등에서도 미로를 헤매고 다니는 주인공들을 볼 수 있다. 이런 영화에 등장하는 미로는 해리포터의 미로와도 비슷한 종류이다.

유럽에서는 궁전의 안뜰에 미로를 만들어 놓고, 적이 쳐들어왔을 때 안으로 유인해서 전멸시켰다는 이야기도 있다. 또 고대 크레타에서는 미로를 동전에 새겨 넣기도 했다.

미로가 새겨진 크레타 동전

크레타 동전에 나타나 있는 미로를 한번 만들어 보자. 먼저 그림 (가)와 같이 십자가 모양을 그리고 각 방향에 ①, ②, ③, ④로 번호를 매긴다. 그런 다음, ③에서 선을 이어 그림 (나)와 같이 그린다. 그리고 ④에서 선을 이어 그리면 그림 (다)와 같이 되고, ①에서 선을 그으면 (라)와 같이 된다. 마지막으로 ②에서 선을 그리면 (마)와 같은 그림을 얻는데, 이것은 크레타 동전에 새겨진 미로와 똑같다.

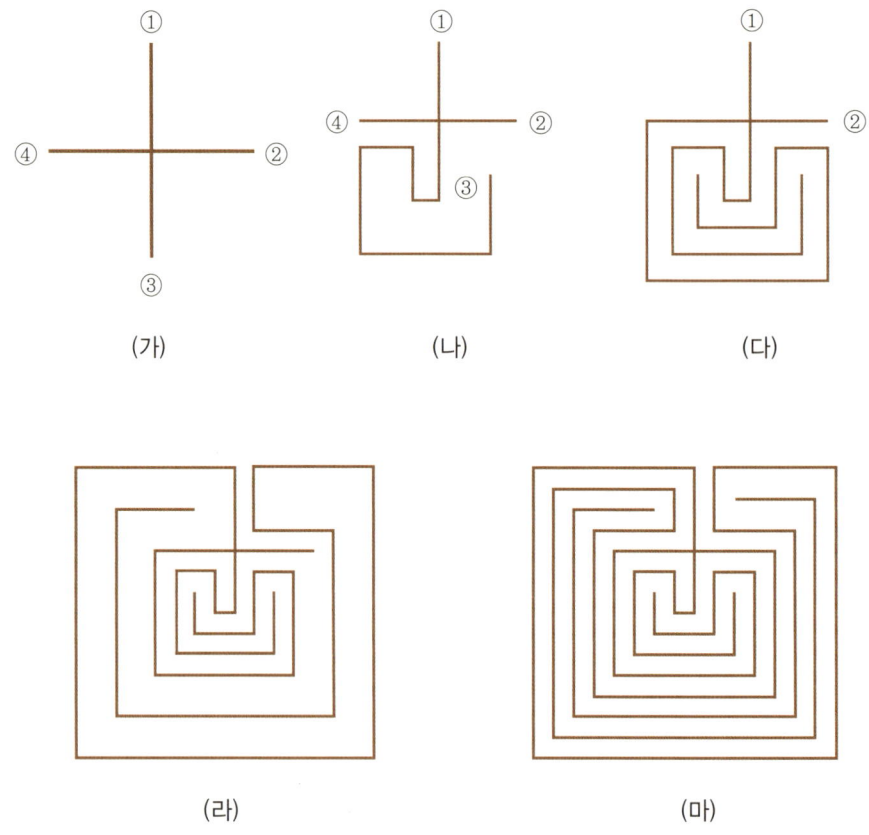

미로 그림들을 좀더 자세히 살펴보자.

먼저 (가)에서 사방으로 번호를 매기고, (나), (다)와 같이 각 방향으로 선을 하나씩 겹치지 않게 연장했다. 결국 (마)와 같은 미로는 (가)에서 각 방향의 선의 길이만 늘였을 뿐, 달리 변한 것이 없다. 따라서 이 동전에 새겨진 미로는 입구에서 출발해서 계속 앞으로만 나가면 그 속에 있는 비밀의 방에 다다르게 된다. 탈출할 때도 마찬가지로 계속 앞으로 나가기만 하면 된다.

(가)에서 (마)까지의 그림은 모두 꼭 한 곳에서만 교차하는 두 직선을 늘이고 구부려서 만든 것이다. 이러한 도형들은 길이나 모양은 달라도 위치나 상태가 같아 '위상'이 같다고 한다. 예를 들어, 구멍 뚫린 손잡이가 있는 컵과 도넛도 같은 '위상'이다.

　아주 고급 수학 중에는 이와 같이 서로 모양이 약간씩 다르지만 그 성질이 같은 것을 나누는 '위상 수학'이라는 분야가 있다.

　지금까지는 입구가 하나인 미로였다면, 이제부터는 다음 그림과 같이 입구가 두 개인, 좀 더 어려운 미로를 생각해 보자. 다음 미로는 두 입구 가운데 하나를 선택해서 안으로 들어가는 것이다.

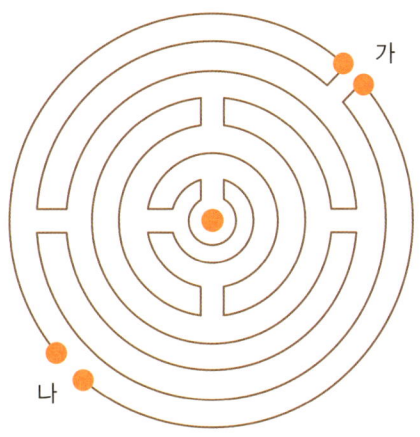

어떻게 하면 진짜 입구를 찾을 수 있을까?

이 문제를 푼 사람은 프랑스의 수학자 조르당이었다. 그래서 이와 같은 미로 문제를 '조르당의 미로'라고 부른다.

미로 해결의 방법은 각각의 입구에서 목적지인 내부의 점까지 직선을 긋고 미로의 벽과 교차해서 생기는 점이 몇 개인지를 세는 것이다. 예를 들어, 위의 그림 (가)의 입구에서 그은 직선은 미로의 벽과 모두 6번 교차하고, (나)의 경우는 모두 7번 교차한다. 이 때 점의 개수가 짝수인 입구가 진짜 입구이다.

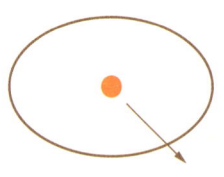
선을 한 번 지나면 바깥으로 나갈 수 없다.

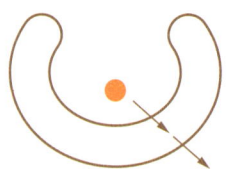
선을 두 번 지나면 바깥으로 나갈 수 있다.

선을 세 번 지나면 바깥으로 나갈 수 없다.

왜냐하면 미로의 벽과 직선의 교차점은 벽을 넘는 것인데, 이는 이 도형의 안쪽에서 바깥쪽으로, 또는 그 반대로 나갔다는 것을 뜻하기 때문이다. 따라서 만나는 점의 개수가 짝수라는 것은 목적지와 같은 쪽에 있다는 것을 뜻한다. 그러나 '조르당의 미로'는 안과 밖을 구별할 수 있을 뿐, 실제로 가는 길을 찾는 방법은 알려 주지 않는다.

그렇다면 여러분이 진짜로 알고 싶어하는, 미로를 쉽게 찾는 방법은 무엇일까? 아무리 복잡한 미로라도 다음과 같은 차례대로 하면 그 길을 쉽게 찾을 수 있다.

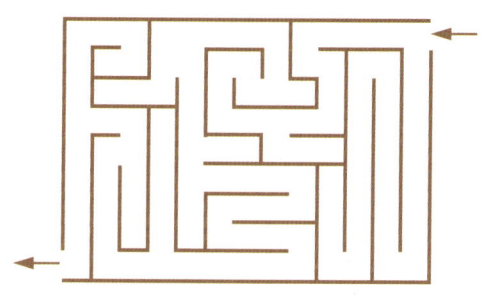 1) 3면이 둘러싸인 곳이 있으면 그 곳을 지운다.

 2) 지워서 또 3면이 둘러싸인 곳이 생기면 다시 지운다.

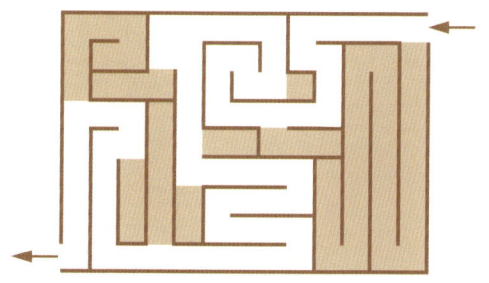 3) 앞의 1), 2) 과정을 반복해서 마지막으로 남은 길을 가면 된다.

앞과 같은 방법을 이용하면 미로를 쉽게 풀 수 있을 것이다. 다음의 미로도 이와 같은 방법으로 풀어 보자.

바둑돌 줍기

    수학 퍼즐은 교과서에 있는 문제를 풀 때와는 다른 방법으로 생각하게 함으로써, 수학에 대한 재미와 동기를 부여한다. 그러나 오늘날의 학교는 이와 같은 퍼즐 활동을 할 만한 환경을 갖추지 못하고 있다. 하지만 수학 퍼즐은 학교에서 배우는 수학보다 오히려 더 많은 수학적인 생각을 하도록 우리를 자극한다. 그 이유는 수학 퍼즐이 수와 도형, 그리고 일정한 배열의 특성에서 나오기 때문이다. 수학 퍼즐을 풀려면 그 문제의 특성들을 잘 살펴보아야 하는데, 그러다 보면 수학의 아름다움에 대한 통찰력이 풍부해지고 자연과 사회 현상을 바라보는 눈이 달라진다. 이에 따라 수학에 대한 관심도 깊어지게 된다.

    여기에서는 여러분들의 수학적 발상을 키워 주기 위해 바둑돌을 이용한 재미있는 수학 퍼즐을 소개하려고 한다. 가족이나 친구들과 재미있게 즐겨 보기 바란다.

바둑과 오목 말고도 바둑돌을 이용하는 놀이는 많다. 보통은 바둑돌을 옮기는 놀이인데, 우리 나라의 민속놀이인 '고누'는 바둑돌을 옮겨 상대편의 집에 먼저 도착하는 놀이이다. 이제 소개할 퍼즐은 바둑돌을 줍는 것이다.

이 퍼즐은 원래 일본에서 옛날부터 전해져 내려온 것으로, 에도 시대에 나카네 겐순이라는 사람이 쓴 수학책에 『줍기에 관한 것』이라는 제목으로 실렸던 것이다. 바둑돌 줍기에 대하여 이 책에는 이렇게 나와 있다.

"바둑판 위에 바둑돌을 배열하고, 그것을 비스듬히 교차하지도 또 바로 뒤로 후퇴하지도 않고 눈(집) 모양으로 줍는 방법은 무엇인가?"

바둑돌 줍기란 바둑판에 바둑이나 오목을 둘 때와 마찬가지로 가로와 세로의 선이 만나는 점에 바둑돌을 놓아 어떤 도형을 만들고, 그것을 다음과 같은 규칙에 따라서 모두 줍는 놀이이다.

규칙 1 바둑돌이 그림과 같이 놓여 있을 경우에는 ①에서 줍기 시작해서 ①→②→③→④→⑤→⑥ 차례로 가로 또는 세로의 선을 따라 움직인다. 이 때 ②에서 ③을 지나지 않고 곧바로 ④를 주울 수 없다.

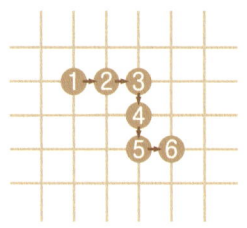

1에서 바로 4를 주울 수 없다.

규칙 2 하나의 돌을 주웠을 때, 그 돌이 있는 가로줄 또는 세로줄 위에 다른 돌이 없으면 더 이상 움직일 수 없다. 즉, 바둑돌을 주운 점에서만 방향을 바꿀 수 있다. 예를 들어, 다음의 그림에서 먼저 ①의 돌을 주웠다면 그 돌이 놓인 가로줄과 세로줄에는 더 이상 다른 돌이 없으므로 움직일 수 없게 된다는 말씀! 이런 돌을 '고립된 돌'이라고 하는데, 고립된 돌이 하나라도 있다면 바둑돌을 다 주울 수 없게 된다. 그러나 ②의 돌을 주운 다음에는 ③의 돌을 주울 수 있으므로 ②→③의 순서로는 주울 수 있다.

2에서 3으로 주워 가면 1은 주울 수 없다.

규칙 3 같은 줄 위에 있다면 다음의 돌이 멀리 떨어져 있어도 주울 수 있다. 예를 들어, 아래 그림과 같은 경우에는 ①과 ②를 줍고 ③을 주울 수 있다.

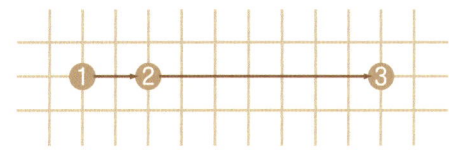

규칙 4 움직이는 길 위의 돌은 반드시 줍지 않으면 안 된다. 예를 들어, 위의

그림에서 ①을 주웠다면 ②를 남기고 ③을 주울 수 없다.

규칙 5 방금 지나온 길로 바로 되돌아갈 수 없다. 하지만 아래 그림에서처럼 ①에서 시작해서 화살표 방향으로 점선을 따라 주워 나가면, ④와 ⑤의 바둑돌을 두 번 지나가지만, 바로 되돌아가는 것은 아니므로 규칙을 어기는 것은 아니다. 그러나 ⑨→⑧→⑦……과 같이 거꾸로 주워 가는 것은 ⑨와 ⑧의 사이에 ⑤와 ④의 바둑돌이 있기 때문에 불가능하다. 즉, **규칙 4** 를 어기게 되는 것이다.

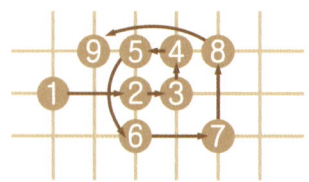

바둑돌을 줍는 놀이에서 앞에서 제시한 다섯 가지 규칙을 지키며 같은 배열의 돌을 주워 가는 방법은 한 가지만 있는 것은 아니다. 예를 들어, 아래 그림의 경우에 바둑돌을 줍는 방법은 모두 몇 가지일까?

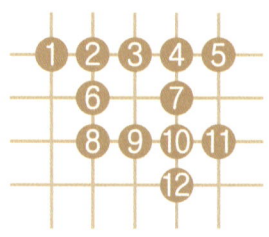

우선 ①에서, 그리고 ⑫에서 출발하는 두 가지 경우가 있는데, ①에서 출발하는 경우를 먼저 생각해 보자.

바둑돌을 모두 줍기 위해서는 먼저 ①에서 ②로 가는 길과 ⑩에서 ⑫로 가는 길을 반드시 지나가야 한다. ②번 바둑돌에서는 ③과 ⑥으로 움직이는 두 가지 경우를 생각할 수 있다.

1) ②에서 ③으로 가는 경우

이 경우에는 반드시 ⑥→⑦의 차례대로 바둑돌을 줍게 된다. 그러나 ③에서는 두 가지 경우가 있는데, ③→④와 ③→⑨의 경우이다. 따라서 다음 그림과 같이 주우면 된다.

③→④의 경우

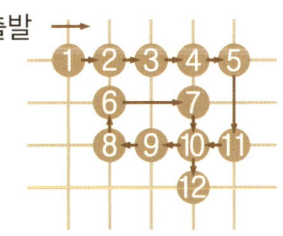

③→⑨의 경우

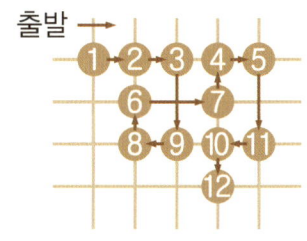 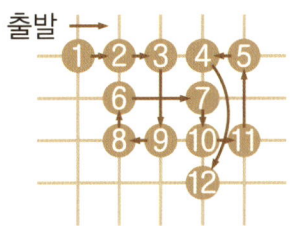 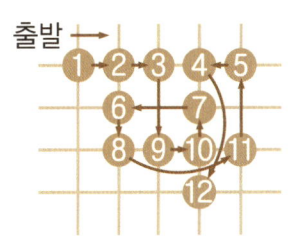

2) ②에서 ⑥으로 가는 경우

이 경우에는 ①→②→⑥→⑦로 가면 바둑돌을 모두 주울 수 없다. 그래서 반드시 ①→②→⑥→⑧→⑨로 주워야 하고, ⑨에서 ⑩으로 가면 모두 주울 수 없기 때문에 반드시 ⑨→③→④의 차례로 주워야 한다. 따라서 ①→②→⑥→⑧→⑨→③→④→⑤→⑪→⑩→⑫→⑦과 같이 주우면 될 것 같은데, 그러려면 ⑩→⑫→⑩→⑦의 차례로 주워야 한다. 그러나 이 경우에는 왔던 길을 되돌아가면 안 된다는 규칙 때문에 ⑦이 고립된다. 따라서 어느 경우에도 모두 주울 수 없게 된다.

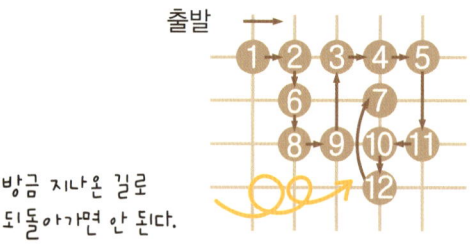

⑫에서 출발하는 경우에는 두 가지가 있다.

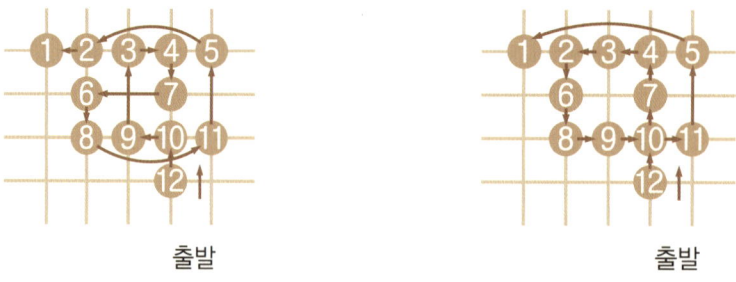

이번에는 우물 정(井)자 모양의 바둑돌을 주워 보자. 이 모양의 바둑돌은 어느 곳에서부터 돌을 줍기 시작해도 항상 모두 주울 수 있다. 아래 그림의 오른쪽에 제시한 방법 말고 다른 방법도 한번 직접 찾아보기 바란다.

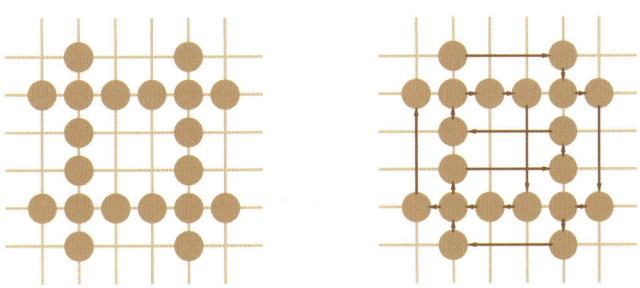

그리고 다음 주어진 모양을 바둑판에 배열하고 바둑돌 줍기 놀이를 해 보자.

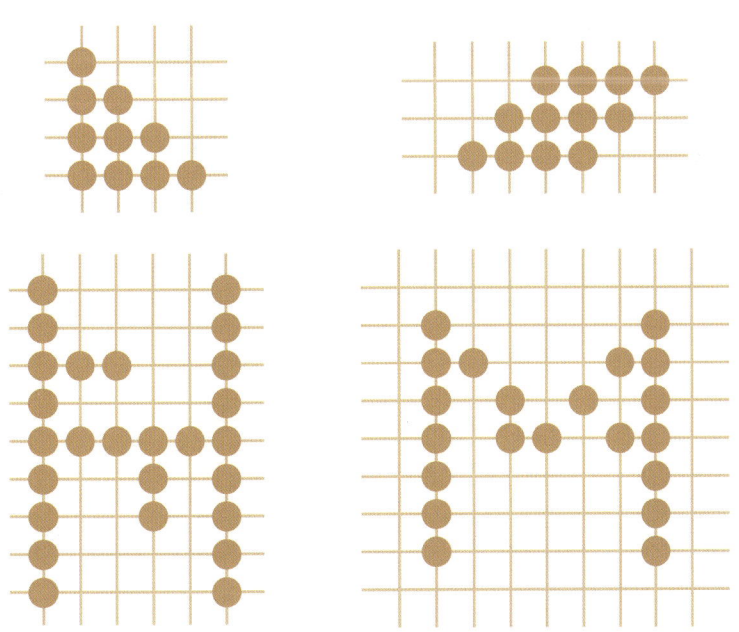

종이 접기

    종이접기는 놀면서 즐길 수 있는 좋은 여가활동이다. 특히 만들면서 논다는 것은 더욱 즐거운 경험이 될 것이다. 사람들은 놀이를 하는 동안 주의를 집중하게 된다. 그런 의미에서 종이접기는 집중력과 섬세한 손놀림으로 두뇌 활동을 자극하는 아주 좋은 놀이일 뿐만 아니라 창조성이 있는 놀이이다. 종이접기는 즐기는 사이에 무엇인가 새로운 아이디어가 떠오르고, 더 많은 생각을 하게 되어 또다른 새로운 모양을 만들어 내는 모양 만들기 놀이이다.

    종이가 발명되기 이전, 먼 옛날에는 풀잎이나 나뭇잎으로 접기를 했다고 한다. 종이만 있으면 접기를 하거나 그것으로 뭔가를 만들려고 하니, 종이접기는 인간의 원초적인 정신적 충동이거나 기능적인 육체적 충동이라고도 할 수 있다. 이와 같은 종이접기의 즐거움을 이용해서 수학책에 나와 있는 여러 가지 도형을 만들어 보자.

여기에서는 정사각형의 색종이를 접어서 나온 모양을 가지고 정삼각형, 정오각형, 정육각형 등의 정다각형 만드는 방법을 소개하려고 한다. 물론, 종이를 접은 뒤에 오려 내어 만드는 정다각형의 종이접기 방법은 이 외에도 여러 가지 방법이 있다. 종이접기에 관심이 있는 사람들은 스스로 찾아보기 바란다.

그럼 먼저, 정삼각형을 만들어 보자.

그림과 같이 반으로 접은 종이의 중앙에 한쪽 끝을 겹치게 접는다. 그런 다음 굵은 선으로 표시된 부분을 따라 자르면 정삼각형을 얻을 수 있다.

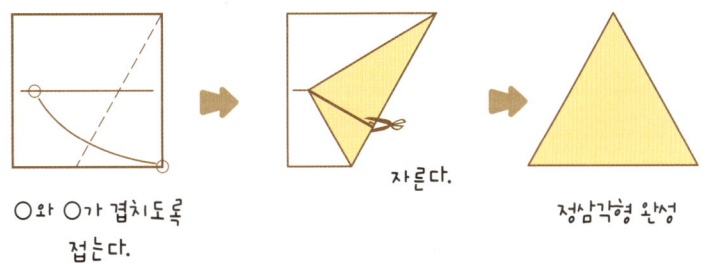

여기서 잠깐! 우리가 삼각형을 접었으니, 삼각형의 넓이를 구하는 공식인 ($\frac{1}{2}$×밑변×높이)를 종이접기를 이용하여 확인해 보자.

삼각형 밑변의 길이를 b, 높이를 h라 하고, 삼각형을 높이를 잰 꼭지점으로부터 밑변에 수직인 선으로 접은 후에 편다. 그리고 다음 이 수직선이 밑변과 만나는 점에 삼각형의 세 꼭지점이 일치하도록 접는다. 이렇게 접으면 직사각형이 생긴다. 그런데 이 직사각형의 가로 길이는 삼각형 밑변 길이의 반이고, 세로 길이는 삼각형 높이의 반이다.

따라서 사각형의 넓이는 '$\frac{1}{2}b \times \frac{1}{2}h = \frac{1}{4}bh$'이다. 우리가 구하려고 하는 삼각형은 이 작은 직사각형이 두 개 포개져 있는 것과 같다. 그러므로 삼각형의 넓이는 이 직사각형 넓이의 두 배 즉, '$2 \times \frac{1}{4}bh = \frac{1}{2}bh = \frac{1}{2} \times 밑변 \times 높이$' 가 된다. 결국 우리는 원하던 삼각형의 넓이를 구하는 공식을 얻을 수 있다.

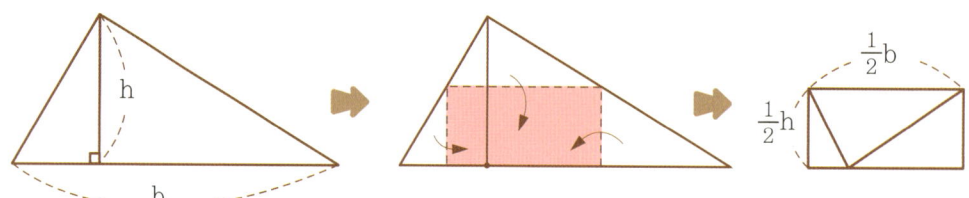

이번에는 정오각형 만드는 방법을 알아보자.

1) 그림 ①과 같이 색종이를 반으로 접은 후 펴서, 다른 방향으로 반을 접고 그것을 다시 반으로 접었다가 편다.
2) 그림 ②에서 보듯이 가로로 접은 가운뎃선이 접힌 직사각형의 위에 접히도록 다시 접는다. 이 때 밑은 정확하게 중앙 부분이 접혀야 한다.
3) 다시 오른쪽 부분을 그림 ③과 같이 접는다.
4) 접힌 종이를 뒤집어 접히지 않은 나머지 부분을 그림 ④와 같이 접은 후, 직각이 되게 잘라 내면, 정오각형이 만들어진다.

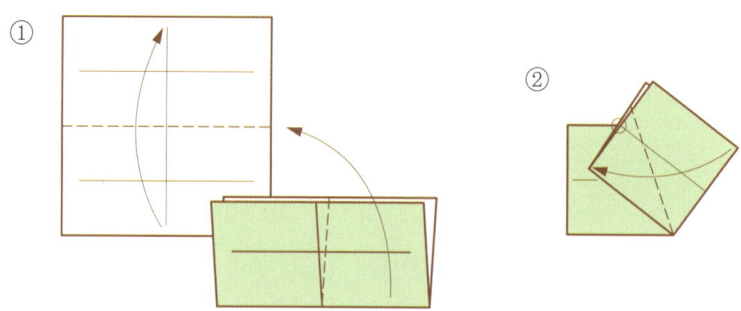

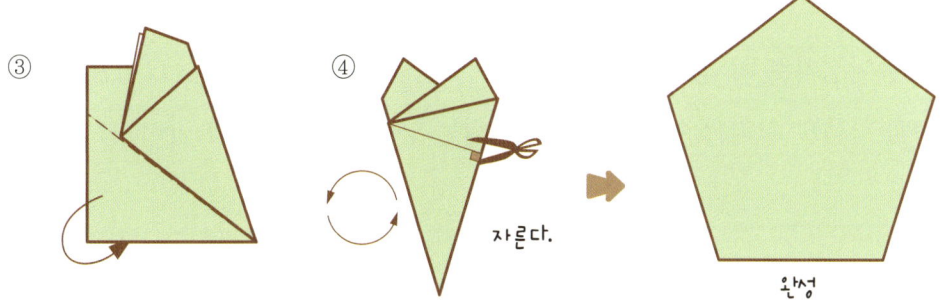

정육각형 만들기는 정오각형 만들기보다 간단하다.

1) 우선 정오각형을 접을 때와 마찬가지로 종이를 접은 후에 접혀진 종이를 그림 ①에서와 같이 다시 반으로 접는다.

2) 그림 ③에서와 같이 O와 O가 겹치도록 접고, 돌려서 다시 겹치도록 종이를 접는다.

3) 그림 ⑥에서와 같이 직각이 되게 잘라 내면 정육각형이 만들어진다.

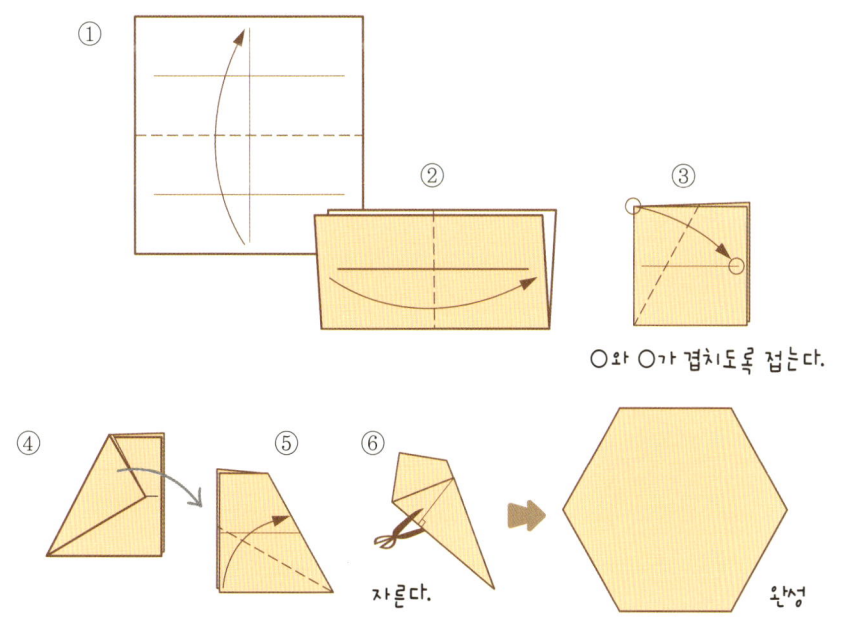

종이접기로 꼭 정다각형만 만들 수 있는 것은 아니다. 다음 그림은 평행사변형과 마름모 그리고 이등변삼각형을 접는 방법인데, 한 번씩 접어 보기 바란다.

▶ 평행사변형

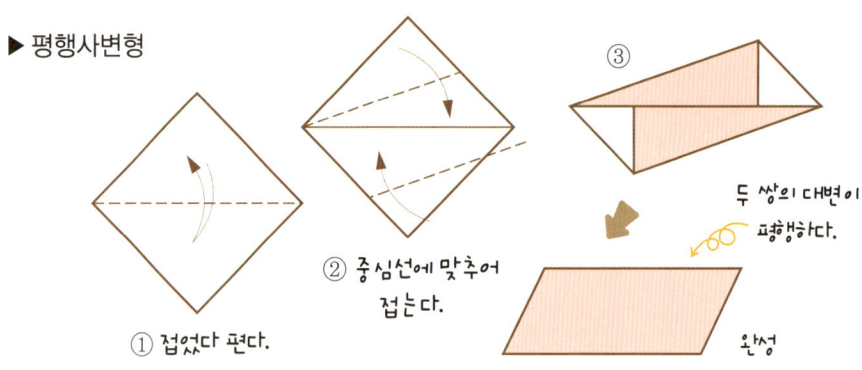

▶ 마름모

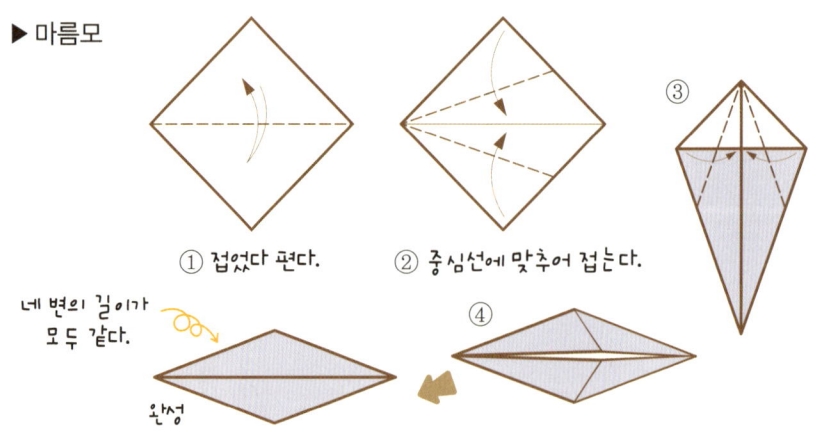

▶ 이등변삼각형

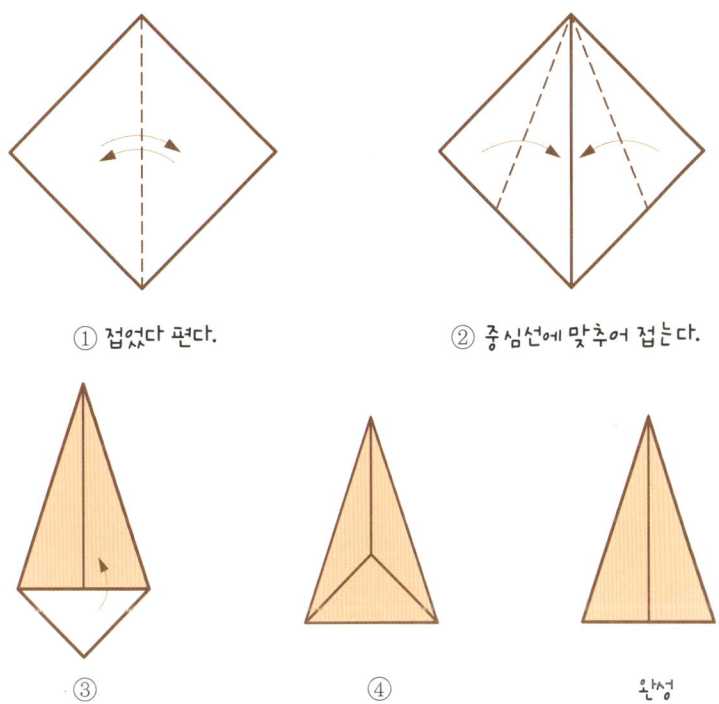

① 접었다 편다. ② 중심선에 맞추어 접는다.

③   ④   완성

종이접기

쉬운 분수 계산

세 개의 빵을 네 사람이 똑같이 나누어 먹으려면 어떻게 해야 할까?

이것을 분수로 나타내면 $\frac{3}{4}$이지만, 실제로는 그림과 같이 두 개는 반으로 나누고 나머지 빵 하나는 넷으로 나누어 가지면 된다.

수학의 역사를 살펴보면 분수는 소수보다 일찍 사용되었다. 고대 이집트 때부터 이미 분수를 널리 사용했는데, 특이한 것은 분수를 분자가 1인 단위분수의 합으로 나타냈다는 것이다.

빵 나누기에서 살펴본 것과 같이, 모든 분수를 단위분수 꼴로 나타낸다는 것은 지극히 자연스러운 일임을 알 수 있다. 실제로 네 명의 어린이에게 빵 세 개를 주면서 똑같이 나누어 먹으라고 하면, 어린이들은 위의 그림과 같은 방법으로 나눌 것이기 때문이다.

고대 이집트 사람들은 요즘 우리가 사용하고 있는 것과 같은 10진법을 사용했지만, 숫자가 아닌 물체의 모양을 본떠서 만든 상형 문자로 표현했다. 예를 들면, 숫자 1은 |과 같이 막대기 모양으로, 10은 ∩로 팔꿈치 또는 멍에 모양 그리고 100은 ୨로 두루마리나 서려 놓은 밧줄 모양으로 표현했다. 고대 이집트 사람들은 더욱 큰 수도 상형 문자를 이용해서 표현했을 뿐만 아니라 분수도 다음과 같이 상형 문자로 표현했다.

위의 상형 문자에 따르면, $\frac{1}{2}$을 ∩로 표현할 것이라고 짐작할 것이다. 그러나 ∩은 $\frac{1}{2}$이 아니고 $\frac{2}{3}$를 가리킨다. 그리고 $\frac{1}{2}$은 ⊏으로 표현한다.

고대 이집트 사람들은 오늘날 초등학생들도 쉽게 셈할 수 있는 일반 분수 대신

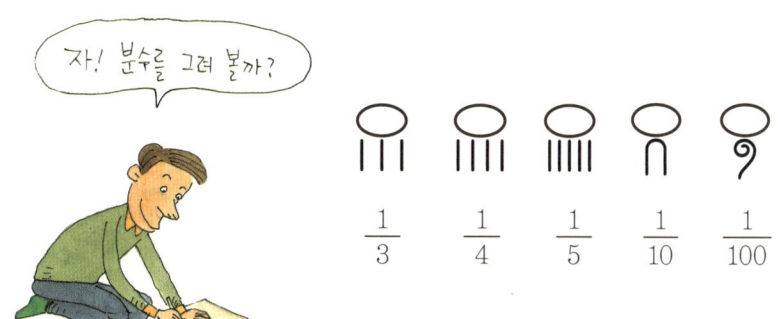

에 분자가 1인 단위분수만을 썼다. 그러나 $\frac{2}{3}$만은 그대로 썼다. 그 이유는 $\frac{2}{3}$에 대해서만은 단위분수와 같은 친숙함을 느끼고 있었기 때문이라고 짐작된다.

이와 같은 분수의 계산법은 인류 최초의 수학책인 『아메스의 파피루스』에서 $\frac{2}{5}=\frac{1}{3}+\frac{1}{15}$이나 $\frac{2}{7}=\frac{1}{4}+\frac{1}{28}$과 같이 분수를 단위분수의 합으로 나타낸 기록에서 찾아볼 수 있다. 이들 분수를 그림으로 살펴보면 다음과 같다.

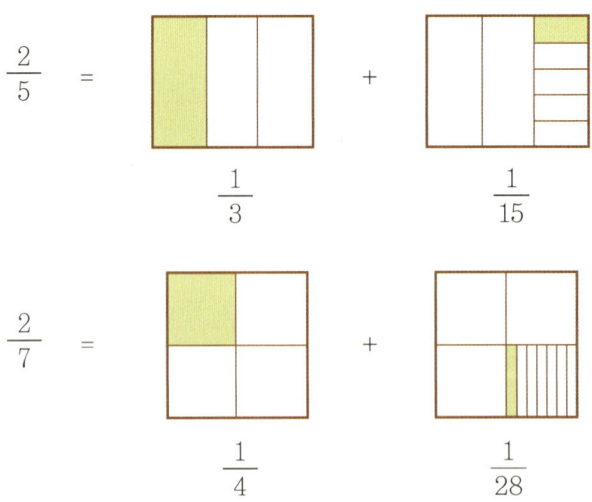

단위분수를 이용하여 분배를 했던, 잘 알려진 재미난 옛날 이야기가 있다.

옛날 아라비아의 어떤 상인이 자기 재산인 낙타 17마리 중에서 첫째 아들은 $\frac{1}{2}$, 둘째 아들은 $\frac{1}{3}$, 막내 아들은 $\frac{1}{9}$을 가지라는 유언을 하고 죽었다. 그래서 세 형제는 17마리의 낙타를 놓고 각각 $\frac{1}{2}$, $\frac{1}{3}$, $\frac{1}{9}$로 나누어 가지려는데, 17이 2, 3, 9로 나누어 떨어지지 않았다. 결국 세 형제는 낙타를 놓고 싸우게 되었다. 그 때 마침, 그 곳을 지나가던 현명한 사람이 자기가 타고 있던 낙타 1마리를 더해 주었다. 낙타가 18마리가 되자, 큰 형은 $\frac{1}{2}$인 9마리, 둘째 아들은 $\frac{1}{3}$인 6마리, 그리고 막내 아들은 $\frac{1}{9}$인 2마리를 각각 가질 수 있었다. 게다가 9마리, 6마리, 2마리의 합은 17마리이기 때문에, 그 현명한 사람도 자기가 더해 주었던 낙타를 다시 돌려받았다. 이게 어떻게 된 일일까?

  이 문제의 해답은 바로 이집트 사람들의 분수 계산 방법에 있다. 17마리의 낙타를 2와 3과 9의 최소공배수인 18마리로 나누는 것인 $\frac{17}{18} = \frac{1}{2} + \frac{1}{3} + \frac{1}{9}$ 때문에 아버지의 유언대로 나눌 수 있었던 것이다.

  어떤 분수를 단위분수의 합으로 나타내는 방법을 $\frac{7}{8}$을 예로 들어 좀 더 자세히 알아보자.

  먼저 분수 $\frac{7}{8}$을 단위분수로 나타내려면 분수 $\frac{7}{8}$, 즉 7÷8의 뜻을 정확하게 알고 있어야 한다. 이 나눗셈은 간단히 말하면 7개의 사과를 8명이 똑같이 나누어 먹을 때 한 사람이 먹을 수 있는 양은 얼마일까를 묻는 것과 같다. 따라서 먼저 사과 7개를 그림과 같이 반으로 나누어 8명이 $\frac{1}{2}$씩 가질 수 있다.

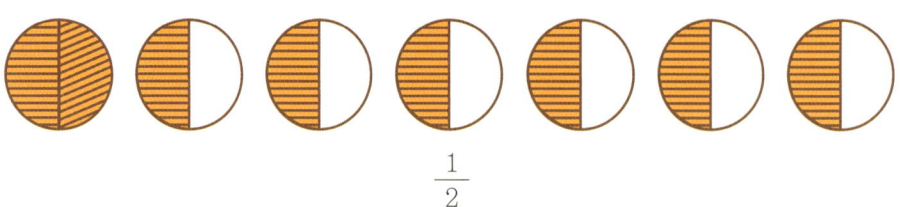

남은 사과를 다시 8명이 똑같이 나누어 먹으려면 반씩 나누어진 사과를 다시 반으로 나눈 후 나누어진 작은 조각을 8명이 하나씩 가지면 된다. 이 때 작은 조각은 사과 1개의 $\frac{1}{4}$이다.

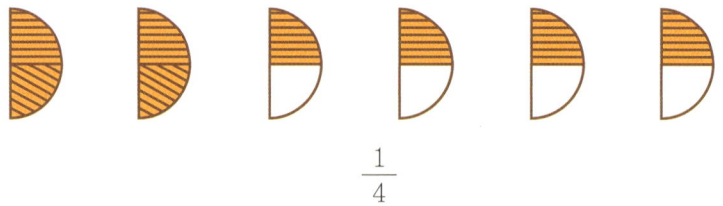

이제 남은 4 조각을 다시 8명이 똑같이 나누어 먹으려면 남은 조각을 다시 반으로 나누면 되는데, 이 때 한 조각은 사과 1개의 $\frac{1}{8}$이다.

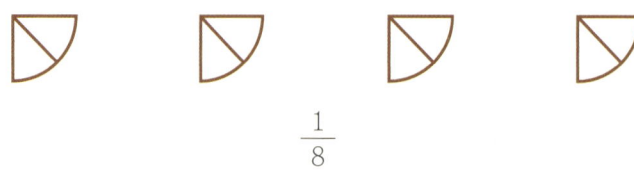

따라서 $\frac{7}{8}$을 단위분수의 합으로 나타내면 다음과 같다.

$$\frac{7}{8} = \frac{1}{2} + \frac{1}{4} + \frac{1}{8}$$

여러분도 위와 같은 방법으로 다음에 주어진 분수를 단위분수로 나타내 보기 바란다. 그런 다음, 이를 다시 고대 이집트 사람들이 사용했던 상형 문자로 나타내 보면 더욱 흥미로운 책읽기가 될 수 있을 것이다.

(1) $\frac{4}{5}$　　　(2) $\frac{5}{7}$　　　(3) $\frac{5}{8}$　　　(4) $\frac{3}{10}$

 답은 193쪽에

이제 종이접기를 이용해서 분수의 곱셈을 배워 보자. 얼른 직사각형 모양의 종이를 준비하시길……

먼저, 종이로 분수를 나타내 보자.

그림과 같이 종이 한 장의 크기를 1이라고 하면, $\frac{3}{4}$은 이 종이를 네 번 접어서, 접힌 부분 중에서 3칸만 선택한 것과 같다. 이와 같이 분모가 분자보다 큰 진분수는 종이접기로 모두 나타낼 수 있다.

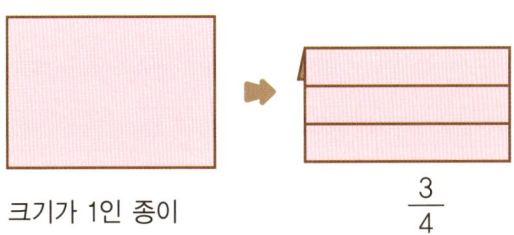

크기가 1인 종이　　　$\frac{3}{4}$

분자가 더 큰 가분수도 종이접기로 나타낼 수 있을까? 물론 있다. 예를 들어, $\frac{5}{4}$를 나타내려면, 종이 한 장의 크기를 2라고 가정해야 한다. 그러면 그 반을 접은 크기는 1이 될 것이고, 크기가 1인 종이를 다시 똑같은 폭으로 네 번 접어서 편다. 그러면 종이는 모두 여덟 번 접힌 것인데, 원래 종이의 크기가 2이기 때문에 이 중에서 다음 그림과 같이 5칸을 선택하면 우리가 원하는 $\frac{5}{4}$를 나타낼 수 있다.

크기가 2인 종이   크기가 1인 종이 $\frac{5}{4}$로 접은 종이

이와 같은 방법으로 모든 유리수를 표현할 수 있다. 분수의 종이접기에 익숙해졌다면, 이제 이를 이용한 분수와 분수의 곱셈을 알아보자.

두 유리수의 곱셈 $\frac{2}{3} \times \frac{1}{3}$을 종이접기를 이용해서 계산하는 방법을 알아보면 다른 경우도 마찬가지로 할 수 있을 것이다.

우선 한 장의 종이를 준비하고, 이 종이의 크기를 1이라고 하자. 그러면 $\frac{2}{3}$는 종이를 아래 그림과 같이 3등분으로 접은 후, 2칸을 선택한 것과 같다. 이제 $\frac{2}{3}$로 접혀진 종이를 다시 3등분으로 접어서 $\frac{1}{3}$에 해당하는 한 면에 색칠을 해 두자. 그런 다음 종이를 펼치면 모두 9칸으로 접혀져 있고, 그 중에서 색칠된 부분은 2칸이 된다. 따라서 $\frac{2}{3} \times \frac{1}{3} = \frac{2}{9}$인 것을 알 수 있다.

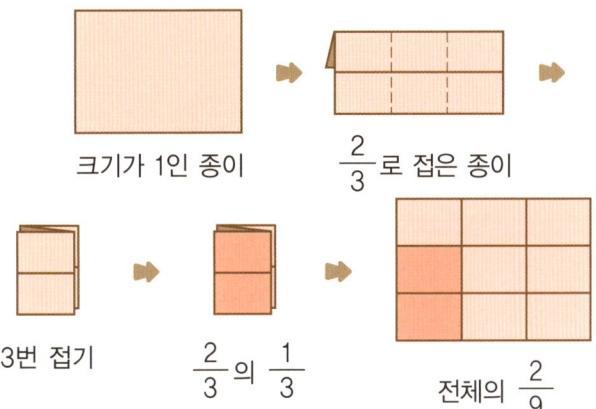

이번에는 $\frac{2}{3} \times \frac{5}{4}$와 같이 가분수의 곱셈을 해 보자. 앞에서처럼 가분수의 경우에는 그 분수의 크기에 맞게 종이의 크기를 선택한다.

여기서는 $\frac{5}{4}$가 1보다 크고 2보다 작기 때문에 종이 한 장의 크기를 2라고 하자. 그러면 그림과 같이 종이접기를 이용해서 $\frac{2}{3} \times \frac{5}{4} = \frac{10}{12}$을 얻을 수 있다. 이 경우 처음에 주어진 종이의 크기가 2이고, 접힌 부분의 개수는 24개이다. 따라서 종이 반 장의 크기는 1이고 칸은 12개인데, 그 중 색칠된 부분은 10개인 것을 알 수 있다.

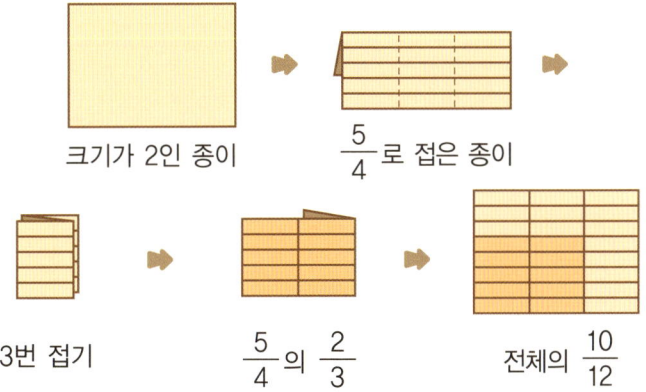

여러분도 친구들과 종이접기로 여러 가지 분수의 곱셈을 즐겨 보기 바란다.

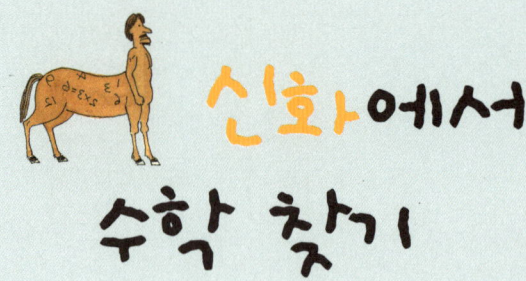

신화에서 수학 찾기

신화에도 수학이 있을까?

사실 신화는 모두 사람들이 만들어 냈다. 사람들이 신을 만들고, 신들은 다시 사람들을 만들고……. 신화 속에서 수학을 찾아보자.

다음은 『그리스 신화』의 첫 부분이다.

세상이 생기기 전에 큰 혼돈이 있었다. 그 혼돈 속에서 생명의 씨앗이 나타났고, 그 씨앗은 땅의 여신인 가이아가 되었다. 땅의 여신이자 생명의 시작인 가이아는 하늘의 신 우라노스와 바다의 신 폰토스를 낳았다. 그 뒤, 하늘의 신 우라노스와 결혼한 가이아는 티탄이라고 불리는 거인신족인 아들 여섯 명과 딸 여섯 명을 낳고, 또 외눈박이 거인인 키클로페스와 머리가 50개이고 팔이 100개인 헤카톤케이르와 같은 괴물들도 낳았다. 그러나 아버지인 우라노스는 이

괴물들을 미워해서 땅 속의 감옥인 타르타로스에 가두어 버렸다. 이에 화가 난 가이아는 여섯 번째 아들인 크로노스를 시켜 아버지를 몰아 내게 했다.

우라노스의 뒤를 이어 두 번째로 신들의 왕이 된 크로노스는 자신의 형제들을 구하지 않고, 오히려 더 많은 신들을 타르타로스에 가두어 버렸다. 그래서 다시 화가 난 가이아는 크로노스에게 저주를 내린다.

"너의 자식이 너를 신들의 왕위에서 몰아 낼 것이다."

크로노스는 누이 레아와 결혼해서 헤스티아, 데메테르, 헤라, 하데스, 포세이돈, 제우스 이렇게 여섯 명의 아이들을 낳았다. 그러나 가이아의 저주가 무서워, 크로노스는 태어난 자식들을 차례로 삼켜 버렸다. 하지만 여섯 번째 아들인 제우스가 태어났을 때는 레아가 크로노스를 속여 돌을 삼키게 한 뒤, 몰래 크레타 섬에서 길렀다. 그 후에 제우스는 크로노스가 우라노스를 내쫓은 것과 마찬가지로, 아버지인 크로노스와의 싸움에서 승리하고 진정한 신들의 왕이 되었다. 이로써 제우스는 신들의 세 번째 왕이 되었다.

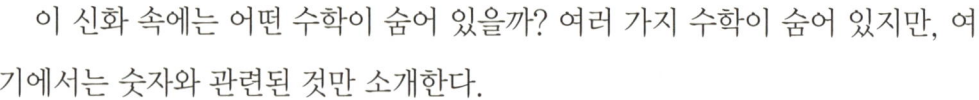

이 신화 속에는 어떤 수학이 숨어 있을까? 여러 가지 수학이 숨어 있지만, 여기에서는 숫자와 관련된 것만 소개한다.

그리스 신화에는 많은 숫자들이 등장하지만, 모든 숫자들이 다 그런 것은 아니다. 무수히 많은 자연수 중에서 특별한 숫자들 몇 개만이 사용되고 있다.

그리스 신화에 나오는 첫 번째 수는 1이다. 혼돈에서 처음으로 생명의 씨앗인 가이아가 나타났는데, 혼자였다. 사실 1은 자신을 제외한 다른 어떠한 수를 사용하지 않고도 모든 자연수를 만들어 낼 수 있는 수이다.

1, 1+1, 1+1+1, 1+1+1+1, …….

즉, 수 1은 혼자 존재하는 유일한 수가 아니라, 그 안에 다른 모든 수를 포함하고 있는 것으로 생각할 수 있다. 그러므로 다른 모든 신들과 지구상의 모든 생명체는 바로 처음 생긴 하나의 씨앗인 '가이아'로부터 태어난 것이다.

그리고 큰 수인 50과 100도 신화에 등장한다. 그 당시에 이 두 수는 엄청나게 큰 수였다. 지금으로 따지자면 1000억이나 1조쯤 될 것이다.

　그리스 숫자는 기원전 300년 이전에 만들어진 것으로 사물의 수량이나 순서를 나타내는 수사의 머리글자를 이용하여 표시하였다. 예를 들어, 1, 10, 100, 1000, 10000은 각각 I, Δ, H, X, M을 사용하여 표현했는데, 5에 대해서는 특별한 기호가 있었다. 그 기호는 Γ로, Π의 옛날 모양이었고, 5를 뜻하는 그리스어 'pente'의 머리글자이다. 5에 대한 기호는 홀로 사용되기도 했지만, 흔히 수의 표현을 간단히 하기 위해서 다른 기호와 합성하여 사용했다. 예를 들어 2857을 표현하려면 다음과 같이 숫자를 썼다.

$$2857 = XX\Gamma HHH\Gamma\Delta\Gamma II$$

로마가 그리스를 정복한 후에는 본격적으로 로마의 문자와 숫자를 사용하였는데, 이 때부터 1은 I로, 5는 V로, 10은 X로 표현했다. 이런 수들은 지금도 자주 사용되고 있다. 또 50은 Ψ로, 100은 θ로, 1000은 Φ로 나타냈다.

이와 같이 그리스나 로마 사람들의 수 단위에서 1000이나 10000은 아주 큰 수였다. 따라서 머리가 50개 달리고 팔이 100개 달린 괴물은 그 당시 사람들이 상상할 수 있는 가장 무시무시하고 힘이 센 괴물이었던 것이다. 이 괴물은 곧 사람들의 힘으로 해결할 수 없었던 화산 폭발이나 홍수, 지진 그리고 태풍과 같은 자연 재해를 의미하는 것이었다.

이제 올림포스 신들의 전쟁에서 최후의 승자이자 영원한 신들의 왕인 제우스에 대한 이야기를 해 보자.

올림포스 최후의 승자는 제우스였다. 제우스가 그냥 처음부터 신들의 왕이

었어도 되는데, 신화에서는 왜 신들의 세번째 왕이 되었을까? 그 이유는 고대인들이 3이라는 수는 모든 것이 완성되어 완벽한 형태의 기하학적 구조를 가진다고 믿었기 때문이다. 좀 어렵지만, 스위스의 유명한 심리학자인 융은 숫자 3에 대해서 다음과 같이 말했다.

"반대되는 것들끼리의 모든 긴장은 방출로 절정에 이르며, 그것으로부터 제3의 존재가 나온다. 제3의 존재에서 긴장은 해결되고, 잃어버린 통일성이 회복된다."

우리가 우주 전체나 그 중 일부를 만들려면 반드시 세 개의 변과 세 개의 각으로 이루어진 최초의 도형인 삼각형을 그리는 방법을 알아야 한다.

다음 그림처럼 평면에서 두 개의 원이 겹쳐진 형태를 '베시카 피시스'라고 하는데, 이는 생긴 모양이 물고기의 부레와 같아서 붙은 이름이다. 베시카 피시스는 직선과 여러 가지 도형이 나오는 최초의 모양이다. 아래 그림과 같이 태초의 부모인 두 원이 나타나고 이 두 원은 정삼각형을 탄생시키는데, 이는 시작과 중간과 끝을 갖고 있음을 알 수 있다.

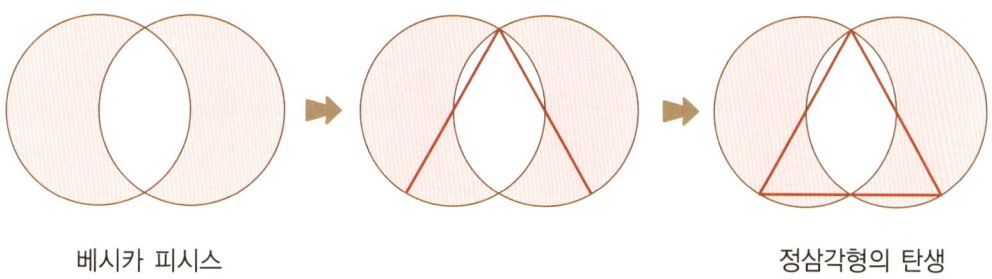

베시카 피시스　　　　　　　　　　　　정삼각형의 탄생

이처럼 숫자 3은 처음을 나타내기도 하고 완성된 모양을 나타내기도 한다. 그래서 제우스는 세 번째로 신들과 만물을 지배하며, 권력도 셋으로 나누어 자신은 하늘과 땅의 모든 것을, 포세이돈은 바다를, 하데스는 지하 세계를 다스리게 한 것이다.

게다가 우리도 가위바위보나 친구들과 내기를 할 때 주로 '세 번' 해서 승자를 결정하지 않는가!

마지막으로 살펴볼 수는 바로 6이다.

첫 번째 하늘의 신이자 신들의 왕인 우라노스도 아들 여섯 명과 딸 여섯 명을 낳았고, 두 번째 신들의 왕인 크로노스도 자식 여섯 명을 낳았다. 그리고 우라노스를 몰아 낸 우라노스의 아들 크로노스와 크로노스를 몰아 낸 크로노스의 아들 제우스는 모두 여섯 번째 자식이었다. 특히 신들의 전쟁을 끝내고 세상을 다스리는 최후의 승자는 세 번째로 완벽한 왕이 되었으며, 그 왕은 바로 크로노스의 여섯 번째 아들이었던 제우스였다. 그렇다면 과연 6은 어떤 의미를 가지고 있을까?

고대의 수학자들은 수 6의 산술적이고 기하학적인 성질을 관찰했다. 그들이 내린 결론의 첫 번째가 바로 6이 최초의 완전수라는 것이었다. 그리스 사람들은 6이 자신을 제외한 약수 전체의 합과 같기 때문에, 이 수를 '완전수'라고 불렀다. 또한 로마 사람들은 6을 사랑의 여신인 '비너스의 수'라고 여겼는데, 6이 서로 다른 성(性)의 곱으로 이루어지기 때문이었다. 즉, 6=3×2로, 3은 홀수이자 남성을 나타내고, 2는 짝수이자 여성을 나타낸다. 그리고 고대 히브리 사람들은 신이 세상을 창조할 때 하루가 아닌 6일을 선택한 이유를 6이 가장 완벽한 수이기 때문이라고 설명하고 있다.

사실 옛날 사람들은 6은 그 진약수, 즉 처음의 세 약수 1, 2, 3의 합이자 곱이라는 사실로부터 6이 모든 수의 부모 1, 2와 그들 사이에서 태어난 최초의 자식 3을 나타낸다고 보았다. 그래서 6이 완전한 전체를 이룬다고 생각했다. 그러므로 제우스의 형제는 모두 여섯 명이었고, 이들은 신으로서 완전한 전체를 나타냈던 것이다.

이제까지 그리스 신화에 숨어 있는 몇 가지 숫자 이야기를 했다. 그런데 신화에는 이상한 점이 있다. 어느 신은 누나와 결혼하고, 또 어느 신은 오빠와 그리고 심지어는 부모와도 결혼한다.

도대체 이런 일이 있을 수 있을까? 물론 없다. 이런 일은 신화에서만 가능한 일이다. 그렇다면 여러분의 조상은 몇 분이나 계셨을까? 신화에서처럼 한 분, 아니면 두 분이었을까?

먼저 여러분의 부모님을 생각해 보자. 누구든지 혼자 아기를 낳을 수 없으니까 여러분이 태어나기 위해서는 아버지와 어머니 두 명이 있어야 한다. 그리고 아버지가 태어나기 위해서는 할아버지와 할머니가 있어야 하고, 어머니가 태어나기 위해서는 외할아버지와 외할머니가 있어야 한다. 그런데 할아버지와 할머니 그리고 외할아버지와 외할머니가 각각 태어나기 위해서는 또 그분들의 부모님이 있어야 한다.

이를 숫자로 계산하면 여러분의 1세대 전에는 2명, 2세대 전에는 $2 \times 2 = 2^2$명, 3세대 전에는 $2 \times 2 \times 2 = 2^3$명이 있어야 한다. 마찬가지 이유로 4세대 전에는 2^4명이 있어야 한다. 좀 더 생각을 넓히면 n세대 전에는 2^n명이 필요하다는 것을 알 수 있다.

보통은 1세대를 30년으로 잡는다. 그렇다면 20세대 전인 600년 전에는 나의 조상이 $2^{20}=1,048,576$ 명이 있어야 한다는 계산이 나온다.

우리 나라의 경우, 5000년 역사가 있으므로 지금부터 약 165세대 전이고, 단군이 나라를 다스리던 시대에 나의 조상은 2^{165}명이 있어야 하는데, 2^{165}≒47극이다. 그러면 이보다 더 이전인 신화의 시대에는 어떠했겠는가? 계산대로라면 아마도 그 당시 지구에는 발 디딜 틈도 없이 사람들로 꽉 차 있었을 것이다. 하지만 이런 일은 일어날 수 없다. 특히 단일 민족인 우리로서는 어느 세대에서인가는 서로 남남이 아닌 사람들끼리 결혼을 했다고 생각할 수 있다. 마치 신화에서처럼!

실제로 우리 나라 사람은 어느 누구든지 촌수를 따지면 모두 100촌 안에 있다고 하니 그야말로 한 가족인 것이다. 그러니 여러분의 가족을 사랑하는 것과 마찬가지로 이웃을 사랑해야 하지 않을까?

참! 앞에서 2^{165}≒47극이라고 했는데, 여기서 극은 수의 단위이다. 우리 나라에서 사용하고 있는 수의 단위는 일, 십(10), 백(10^2), 천(10^3), 만(10^4), 억(10^8), 조(10^{12}), 경(10^{16}), 해(10^{20}), 자(10^{24}), 양(10^{28}), 구(10^{32}), 간(10^{36}), 정(10^{40}), 재(10^{44}), 극(10^{48}), 항하사(10^{52}), 아승기(10^{56}), 나유타(10^{60}), 불가사의(10^{64}), 무량대수(10^{68})로 되어 있다. 이제 0이 48개나 붙는 극이 얼마나 큰 단위의 수인지 짐작할 수 있을 것이다.

사실 신화에는 앞에서 소개한 것 이외에도 많은 수학들이 숨어 있다. 여러분이 신화를 읽으며 숨겨진 또다른 수학을 찾아보는 것도 재미있는 탐구가 될 것이다.

마술로 보여 주는 바둑돌 개수 맞히기

두 번째로 소개할 마술은 가장 수학적인 마술로, 항등식의 성질을 이용한 것이다. 이 마술을 보여 주기 위해서는 바둑돌이나 성냥개비, 클립 같은 작은 물건이 많이 필요하다. 아울러 눈을 가리기 위한 안대나 손수건도 필요하지만, 반드시 준비할 필요는 없다. 여기서는 바둑돌을 이용한 마술을 소개한다. 이 마술을 하기 위해서 필요한 바둑돌은 40~50개 정도가 적당한데, 이보다 더 많아도 상관 없다.

이제 여러분이 직접 마술사가 되어 마술을 시작해 보자.

먼저 이 마술을 도와 줄 관객을 한 명 선택해야 한다. 관객이 선택되면, 다음과 같은 차례대로 마술을 공연해 보자.

1) 먼저 관객에게 마술사인 여러분의 눈을 가리게 한다. 눈을 가리려면 안대

나 손수건이 필요하지만, 없다면 그냥 뒤돌아서 있어도 된다.

2) 관객에게 마술에 사용할 바둑돌에 특별한 표시가 되어 있는지 확인하게 한다.

3) 아무런 이상이 없음을 확인시켰다면, 관객에게 통에 들어 있는 적당한 수의 바둑돌을 꺼내게 한다. 그리고 바둑돌을 관객이 원하는 개수만큼 나누게 한다. 이 때, 같은 수의 바둑돌로 되어 있는 세 무더기로 만들도록 한다. 단, 각 무더기의 바둑돌의 개수는 적어도 세 개보다는 많아야 한다. 세 무더기로 나누고 남은 바둑돌은 통에 다시 넣는다.

4) 똑같은 개수의 바둑돌 세 무더기를 각각 왼쪽에서부터 차례대로 A, B, C 라고 하자. 예를 들어, 다음 그림과 같이 일곱 개씩 A, B, C 세 무더기로 나누었다고 하자. 여기서 B무더기는 이 마술이 끝날 때까지 이용하기 때문에 가장 중요하다.

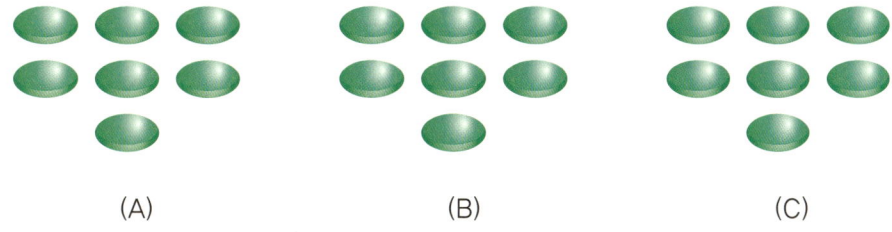

(A)　　　　　　(B)　　　　　　(C)

5) 여기까지 진행되는 동안 관객에게 현재 각 무더기에 있는 바둑돌의 개수

를 전혀 알 수 없다는 것을 알려 주면 마술은 한층 흥미로워질 것이다. 그러고는 관객에게 A무더기와 C무더기에서 각각 세 개의 돌을 가운데의 B무더기로 옮기도록 한다. 이 때에도 각각의 무더기에 몇 개의 돌이 있는지 알 수 없다는 것을 다시 확인시켜 주는 것이 좋다. 앞의 예에서 각각 세 개의 돌을 옮기면 다음 그림과 같이 된다.

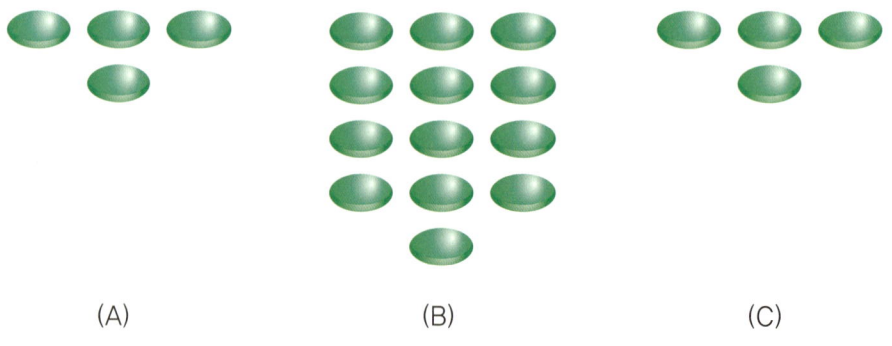

6) 관객에게 A무더기를 없애게 한다. 그러면 테이블에는 B무더기와 C무더기, 두 무더기가 남게 된다.

7) 다시 관객에게 C무더기에 있는 바둑돌의 개수만큼 가운데 있는 B무더기에서 빼라고 한다. 그런 다음에 C무더기도 마저 없애라고 한다.

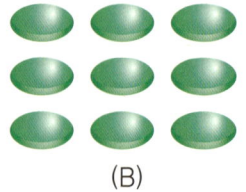

8) 그러면 이제 테이블에는 B무더기만 남게 된다. 여기까지 진행되는 동안 관객은 마술사가 B무더기에 몇 개의 바둑돌이 있는지 알 수 없다고 생각할 것이다. 그러나 이미 여러분은 테이블에 몇 개의 바둑돌이 있는지 알고 있다. 하지만 관객에게 놀라움을 선사하기 위해서 마술을 도와 주러 나온 관객에게 마지막 요구를 한다.

9) 눈을 가린 채로 관객에게 B무더기에 남아 있는 바둑돌 중에서 원하는 개수만큼 여러분의 손바닥에 올려놓아 달라고 한다. 예를 들어, 바둑돌 네 개를 올려놓았다고 해 보자. 이 때 마술을 하는 여러분은 무척 고민하는 표정을 지어야 더 흥미로운 마술이 될 것이다.
"테이블 위에 남아 있는 바둑돌은 모두 다섯 개입니다. 짜자잔!"

눈을 가리고 있는데 어떻게 남아 있는 바둑돌의 개수를 알 수 있었을까?

관객이 처음에 똑같이 나누었던 세 무더기 A, B, C에 있는 바둑돌의 수를 x라 해 보자. 그리고 위에서 설명한 마술의 순서 5번을 생각해 보자. 그러면 A와 C무더기에는 $x-3$개의 바둑돌이 있고, B무더기에는 $x+6$개의 돌이 있게 된다. 마술의 진행 순서 7번에서는 C무더기의 개수만큼을 B무더기에서 빼라고 했다. 즉,

$$(x+6)-(x-3) = x+6-x+3 = 9$$

따라서 B무더기에는 처음 관객이 선택했던 바둑돌의 개수에 관계 없이 마술이 진행되면 마지막에는 항상 9개의 돌이 남게 된다. 그리고 마술의 마지막 눈속임으로 관객이 눈을 가린 여러분에게 몇 개의 바둑돌을 주었는지 확인하면 테이블에 남아 있는 돌이 몇 개인지를 맞힐 수 있는 것이다.

이 마술을 할 때, 5번에서와 같이 반드시 세 개의 돌을 옮길 필요는 없다. 즉, 네 개나 다섯 개 등 마음대로 바둑돌을 움직여도 되는 것이다. 그러나 그 때 테이블에 남아 있는 바둑돌은 아홉 개가 아니다. 예를 들어, 네 개의 바둑돌을 옮겨 놓으면 B무더기에 있는 바둑돌의 개수에는 다음과 같은 식이 성립한다.

$$(x+8)-(x-4) = x+8-x+4 = 12$$

따라서 옮기는 개수에 따라서 3의 배수만큼씩 차이가 나는 것을 알 수 있다.

이와 같은 사실을 이용해서 마술을 할 때마다 관객에게 몇 개를 옮기기를 원하는지 물어 보고 마술을 진행하고, 나중에 B무더기에 남는 개수는 관객이 원했던 수의 세 배라는 사실을 이용하면 더욱 흥미진진한 마술을 보여 줄 수 있을 것이다.

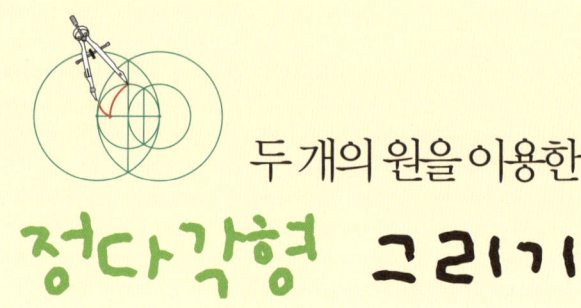

두 개의 원을 이용한 정다각형 그리기

평면도형이나 입체도형은 눈금자와 컴퍼스, 그리고 각도기를 사용해야 그릴 수 있다. 그렇다면 눈금자와 각도기를 사용하지 않고, 단지 눈금이 없는 자와 컴퍼스만을 사용해서 여러 가지 도형을 그리는 방법은 없을까? 특히 정다각형을 그릴 수 있을까?

눈금 없는 자는 두 점을 연결해서 선분을 긋거나 선분을 연장하는 데 사용하고, 컴퍼스는 원을 그리거나 주어진 선분을 다른 직선 위로 옮기는 데 사용한다. 이와 같이 눈금 없는 자와 컴퍼스만을 사용해서 주어진 조건에 알맞은 선이나 도형을 그리는 것을 '작도'라고 한다.

고대 그리스인들은 작도 문제에 많은 관심이 있었다. 눈금 없는 자와 컴퍼스만으로 도형을 그리는 문제 중 예로부터 가장 흥미로운 것은 다음의 '3대 작도 문제'이다.

문제1 임의의 주어진 각을 삼등분하라.
문제2 주어진 원과 같은 넓이의 정사각형을 작도하라.
문제3 주어진 정육면체 부피의 두 배가 되는 정육면체를 작도하라.

이 3대 작도 문제는 모두 실제로는 작도할 수 없다는 것이 이미 밝혀졌다.

여기에서는 두 개의 원을 이용해서 정다각형을 작도하는 방법을 소개하려고 한다. 자와 컴퍼스 그리고 종이를 준비하여 따라해 보면 더 재미있을 것이다.

정사각형을 작도하는 방법은 여러 가지가 있다. 여기에서는 그 중에서도 가장 간단한 방법 하나만 소개한다.

앞의 '신화에서 수학 찾기'에서 소개한 정삼각형을 작도할 때와 마찬가지로 반지름이 같은 두 개의 원을 그린다. 그런 다음 두 원의 중심과 교점을 지나가는 수평선과 수직선을 긋는다. 두 선이 교차하는 점에 컴퍼스의 바늘 끝을 고정하고, 컴퍼스의 연필 끝은 한 원의 중심에 둔다. 그리고 작은 원을 그린 다음, 원이 선과 만나는 네 점을 연결하면 옆으로 기운 정사각형이 그려진다.

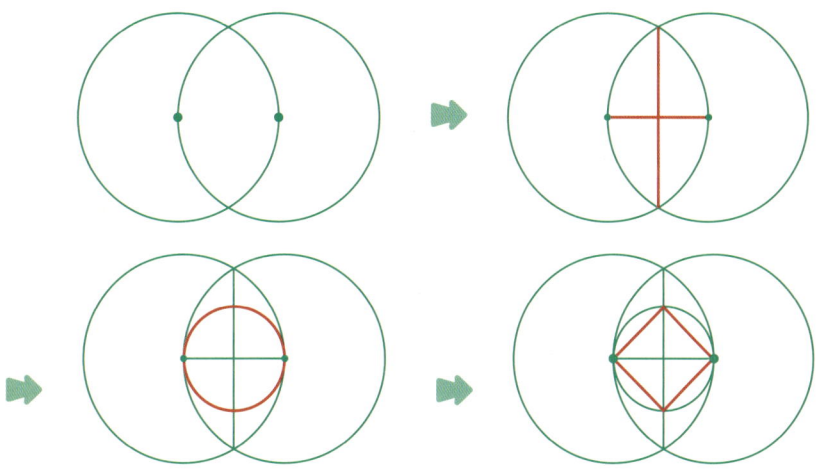

정오각형의 작도는 매우 복잡하다. 잘 따라 해 보기 바란다.
1) 정사각형을 그릴 때와 마찬가지로 세 개의 원을 그린다. 그리고 컴퍼스 각도를 그대로 유지해서 바늘 끝을 큰 원의 중심에 놓고, 다음 그림과 같이 작은 원을 하나 더 그려 넣는다.

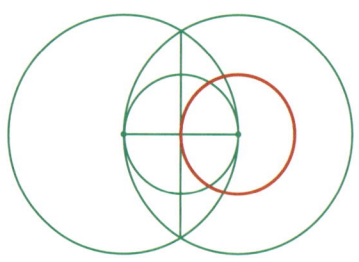

2) 내부의 작은 원 안에서 수직선을 긋는다.

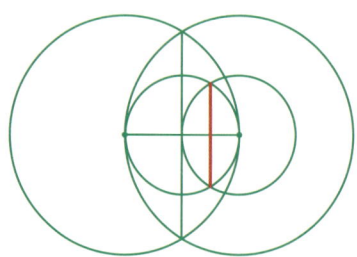

3) 컴퍼스의 바늘 끝을 작은 원 안에 그려진 수직선의 교차점에 두고, 연필 끝을 작은 원의 •표시점까지 벌린다. 그런 다음 컴퍼스를 아래쪽으로 돌려 연필 끝이 수평선의 지름과 만나게 한다.

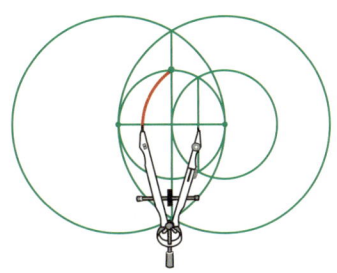

4) 3)번까지 완성되었으면, 이번에는 컴퍼스의 바늘 끝을 작은 원 •표시점에 둔다. 그리고 연필 끝을 작은 원의 지름 위에 생긴 점까지 벌리고 컴퍼스의 팔을 위쪽으로 돌려 작은 원과 만나게 한다. 새로 생긴 이 점과 작은 원 •표시점이 정오각형의 최초의 두 꼭지점이 된다.

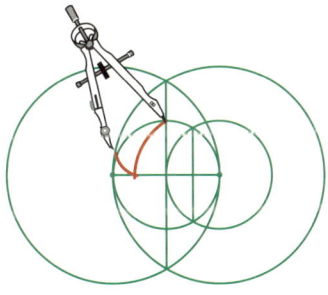

5) 컴퍼스의 팔 간격을 그대로 유지하고 원 주위로 옮겨 다니면서 다섯 개의 점을 찍는다. 그러면 이 점들이 정오각형의 꼭지점이 된다.

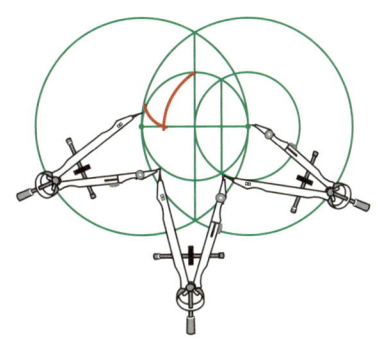

6) 마지막으로 다섯 개의 점을 자로 연결해서 정오각형을 그리면 완성!

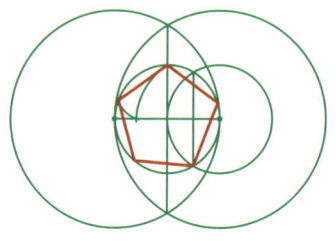

다음은 정육각형 그리기인데, 정육각형을 작도하는 방법도 많이 있지만, 여기서는 가장 간단한 방법 두 가지를 소개한다. 먼저 똑같은 반지름을 갖는 원을 그림과 같이 세 개 겹쳐 놓아서 작도할 수 있다.

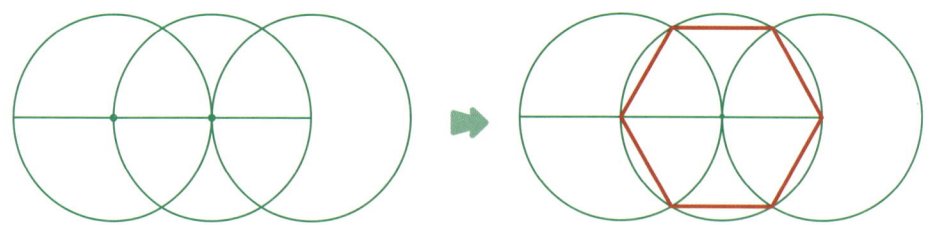

또다른 방법은 원둘레 주위를 그 원 반지름 길이만큼의 간격으로 컴퍼스를 옮겨서 여섯 개의 점을 얻어 그 점을 자로 연결하는 것이다.

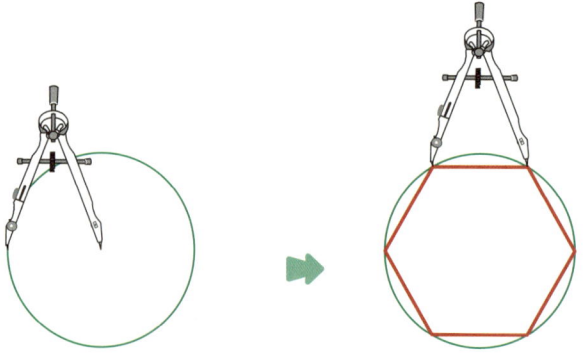

정육각형을 작도하는 두 가지 방법 중에서 더 쉬운 것을 기억해 놓으면 편리하게 이용할 수 있다.

작도에 대하여 많은 관심을 가지고 연구했던 고대 그리스의 수학자들은 정칠각형, 정구각형, 정십일각형, 정십삼각형의 작도 방법을 알아 내기 위하여 수많은 노력을 기울였다. 하지만 그 방법을 끝내 알아 내지 못했다. 그러다가 '수학의 황제'로 불리는 가우스가 18세이던 1796년에 정칠각형, 정구각형, 정십일각형, 정십삼각형은 작도가 불가능하다는 것을 증명하게 되었다. 여기서는 정칠각형을 대략적으로 그려 보려고 한다.

정칠각형은 반지름이 같은 원을 두 개 그리고 그 안에 정사각형을 그린 다음 대각선을 긋는다. 그리고 그 정사각형에 내접하는 원을 그리면 두 개의 큰 원과 작은 원이 만난다. 컴퍼스의 팔을 벌려 이 두 점 간의 거리를 재서, 원 주위를 돌면서 같은 간격으로 일곱 개의 점을 찍고 이를 연결하면 정칠각형이 된다. 물론 정확한 정칠각형은 아니다.

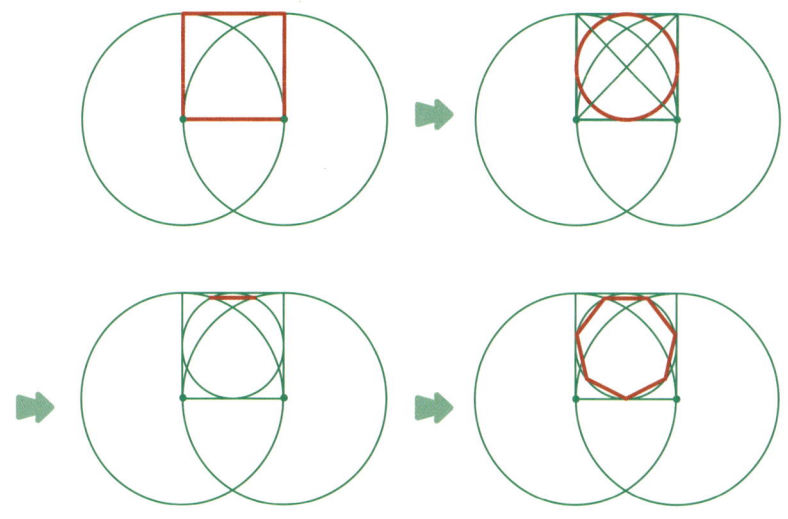

일반적으로 변의 개수 또는 꼭지점의 개수가 n개인 정다각형을 정n각형이라고 한다. 정n각형의 작도는 원둘레를 n등분한 것인데, 이를 '원주등분문제'라고 한다. 앞에서 소개한 가우스는 정십칠각형 작도에 성공했으며, n이 7, 9, 11, 13, 14, 18 등일 경우에는 자와 컴퍼스만으로 원의 둘레를 등분할 수 없다는 것을 밝혔다.

옛날 옛적의 숫자들

아주 오래 전, 호랑이가 담배 피우던 시절에 수학의 첫 번째 중요한 쓰임새는 물건을 세는 것이었다. 여러 가지 도구를 이용해 농사를 지으면서 사람들은 자신의 재산을 지키고 확인할 필요가 생겼던 것이다. 예를 들어, 단순히 눈으로 봐서는 자기의 양 떼들 중에서 잃어버린 양이 있는지 없는지를 확인할 수 없었다. 그래서 세는 기술을 발전시켰고, 인간의 손가락이 열 개였기 때문에 10으로 묶어서 헤아리기 시작한 것이다. 이것이 바로 오늘날 우리가 사용하고 있는 '10진법'이다.

생활이 보다 복잡해지면서 인간은 자신이 헤아려 얻은 것을 숫자로 기록하려고 했다. 그래서 수를 세는 기술이 차츰차츰 발전하게 되었으며, 마침내는 수에 관한 과학이 발전하면서 기호도 점점 발전하게 되었다. 가깝거나 같은 부족끼리 또는 민족끼리는 같은 기호와 말을 사용했지만, 멀리 떨어진 부족과 민족은 제각기 말하고 세고 쓰는 방법과 체계가 다르게 발전했다.

고대 이집트 인들은 기원전 3300년 이전부터 수에 대한 기호 체계를 가지고 있었다. 당시의 상형 문자는 상당히 발전되어 있었다. 이집트 숫자는 이미 앞에서 소개했듯이 그들이 사용했던 숫자 1에 대한 상형 문자는 수직인 막대기 한 개로 나타냈다. 10은 팔꿈치 또는 멍에 모양으로 나타냈고, 100은 두루마리나 서려 놓은 밧줄 모양을 그려 표시했다.

1000은 이집트에 널리 퍼져 있는 연꽃으로 나타냈고, 1만은 어떤 것을 가리키는 손가락으로, 10만은 올챙이로, 100만은 숫자가 너무 커서 놀라 팔을 들고 있는 사람으로 나타냈다. 그리고 무한대는 태양으로 나타냈다.

인도-아라비아 숫자	이집트 숫자
1	
10	
100	
1000	
10,000	
100,000	
1,000,000	

여러분이 만약 우리와 같이 십진법을 사용했던 고대 이집트 인이라면, 다음과 같이 상형 문자를 사용해서 수를 표시했을 것이다.

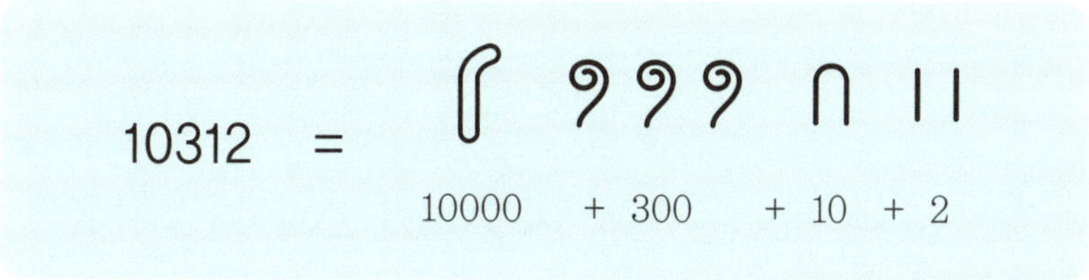

10312 = ∫ ૧૧૧ ∩ ||
         10000 + 300 + 10 + 2

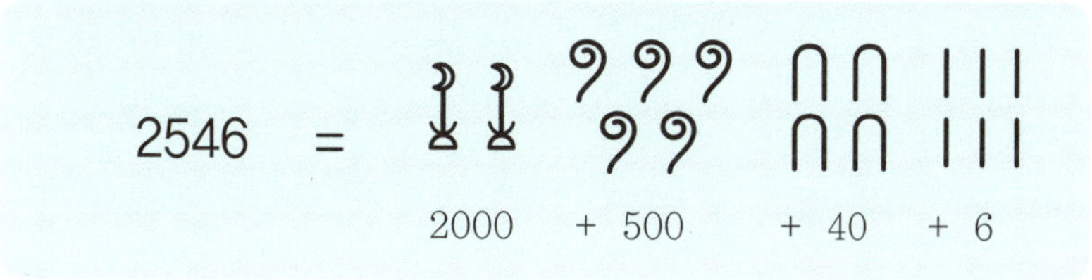

2546 = ⅄⅄ ૧૧૧ ∩∩ |||
              ૧૧ ∩∩ |||
       2000 + 500 + 40 + 6

고대 그리스 인들은 서로 다른 두 가지 수 체계를 이용했다. 그 중 한 가지 방법은 기원전 500년 무렵까지 사용한 것으로, 그 숫자를 뜻하는 단어의 머리글자를 사용했다.

그리스 숫자	I	Δ	H	X	M
기호	1	10	100	1000	10000

이 때까지 사용된 그리스 인들의 수 체계도 이집트 인들과 마찬가지였는데, 그것은 바로 다음 그림과 같이 반복적으로 늘어놓는 것이었다.

1432 = ΧΗΗΗΗΔΔΔΙΙ
1000 + 400   + 30 + 2

3128 = ΧΧΧΗΔΔΓΙΙΙ
3000 +100 + 20 + 5 + 3

그런데 그들은 숫자 5를 이용해서 숫자를 짧게 쓰는 방법을 고안했다. 50, 500, 5000, 50000과 같은 숫자들을 다음 그림과 같은 방법으로 표시하고, 이 것을 이용해서 숫자를 짧게 썼다.

그리스 숫자	Γ	⌐Δ	⌐H	⌐X	⌐M
기호	5	50	500	5000	50000

637 = ⌐HΔΔΔΓΙΙ
500+100   + 30   + 5 + 2

5083 = ⌐X⌐FΔΔΔΙΙΙ
5000+50   + 30   + 3

기원전 500년 무렵에 이르자, 그리스의 수 체계는 점점 발전해서 바뀌게 되었다. 원래는 고대 그리스 알파벳을 사용해서 표시했던 것이지만, 여기서는 이해하기 쉽게 우리에게 친근한 영어의 알파벳으로 바꾸어 알아보자.

　아래 그림에서 처음 9개의 알파벳은 1부터 9까지를 나타낸다. 다음 9개는 10에서 90까지, 그리고 나머지 9개는 100에서 900까지를 나타낸다. 마지막의 900은 오늘날에는 사라진 그리스 알파벳을 대신해서 사용한 것이다.

숫자	기호	숫자	기호	숫자	기호
1	A	10	J	100	S
2	B	20	K	200	T
3	C	30	L	300	U
4	D	40	M	400	V
5	E	50	N	500	W
6	F	60	O	600	X
7	G	70	P	700	Y
8	H	80	Q	800	Z
9	I	90	R	900	&

옛날 옛적의 숫자들

1000, 2000, 3000, ..., 9000 등을 쓸 때는 대응되는 글자에 /를 써서 /A, /B, ..., /I로 나타낸다.

이와 같은 방법은 알파벳만 바뀌었을 뿐, 고대 그리스 사람들이 하던 것과 똑같다. 그리스에서는 1만을 글자 M으로 나타냈는데, 우리는 1만 이상의 숫자를 쓸 때에는 곱셈의 원리를 도입하여 다음과 같이 알파벳의 오른쪽에 M을 써서 나타냈다.

/C=3000 /CM=3×10000=30000, /DM=4×10000=40000

그런데 똑같은 알파벳을 이용하여 단어를 쓰기도 하고, 숫자를 나타내기도 하면 혼란을 가져올 수 있다. 예를 들어, 'LOVE'라고 쓰면, '사랑'이라는 뜻인지, 그 알파벳에 해당하는 숫자 '495'인지 헷갈리게 된다. 그래서 그리스 인들은 숫자인 경우 단어 위에 직선을 그려서 표시했다. 그러므로 우리도 그들과 같은 방법을 이용하여 다음 그림과 같이 단어와 숫자를 구분할 수 있다.

멕시코 유카탄 반도의 마야족은 1500년 전에 이미 우리가 오늘날 사용하는 것과 같이 위치에 따라 수의 크기가 달라지는 수 체계는 물론, 숫자 영(0)까지 표

시할 수 있는 아주 발전된 수 체계를 가지고 있었다. 또한 마야 사람들은 그들의 수 체계로 연월일을 수로 표시한 달력도 가지고 있었다. 특이한 것은 마야의 1년은 18개의 달로 되어 있고, 각 달은 20일로 되어 있으며, 매년 마지막 5일이 휴일이었다는 것이다.

숫자	마야 숫자	숫자	마야 숫자
0	🝰	10	≡
1	•	11	•̄
2	••	12	•• ≡
3	•••	13	••• ≡
4	••••	14	•••• ≡
5	—	15	≣
6	•̄	16	• ≣
7	•• ̄	17	•• ≣
8	••• ̄	18	••• ≣
9	•••• ̄	19	•••• ≣

마야의 수 체계는 20진법이었다. 그런데 예를 들어, 346이라는 수를 쓴다면, 우리처럼 왼쪽에서 오른쪽으로 수평으로 쓰는 것이 아니라, 다음 그림과 같이 위에서 아래로 수직으로 썼다.

17 × 20 + 6
= 346

18 × 20 + 11
= 371

그들은 ⌒을 숫자 영(0)으로 사용했다. 또한 우리는 1, 10, 100, 1000, 10000 등과 같이 수의 단위가 일정하게 올라가지만, 마야 인들은 20진법을 사용하면서도 1, 20, 360을 이용했다. 그래서 정확하게 말하면 마야의 수 체계는 세 번째 자리가 20×20=400 보다는 20×18=360이었기 때문에 20진법이라고 말할 수는 없다. 예를 들면, 2733과 7080을 다음과 같이 나타냈다.

7 × 360 + 10 × 20 + 13
= 2733

19 × 360 + 12 × 20 + 0
= 7080

기원전 3500년 전의 것으로 알려진 수많은 점토판은 바빌로니아 인들의 뛰어난 수학 실력을 알 수 있는 자료이다. 그들은 맨 처음 하루를 24시간으로 나

인도-아라비아 숫자	바빌로니아 숫자	인도-아라비아 숫자	바빌로니아 숫자	인도-아라비아 숫자	바빌로니아 숫자
1	▼	21	≪▼	41	≪≪≪≪▼
2	▼▼	22	≪▼▼	42	≪≪≪≪▼▼
3	▼▼▼	23	≪▼▼▼	43	≪≪≪≪▼▼▼
4	▼▼▼▼	24	≪▼▼▼▼	44	≪≪≪≪▼▼▼▼
5	▼▼▼▼▼	25	≪▼▼▼▼▼	45	≪≪≪≪▼▼▼▼▼
6	▼▼▼▼▼▼	26	≪▼▼▼▼▼▼	46	≪≪≪≪▼▼▼▼▼▼
7	▼▼▼▼▼▼▼	27	≪▼▼▼▼▼▼▼	47	≪≪≪≪▼▼▼▼▼▼▼
8	▼▼▼▼▼▼▼▼	28	≪▼▼▼▼▼▼▼▼	48	≪≪≪≪▼▼▼▼▼▼▼▼
9	▼▼▼▼▼▼▼▼▼	29	≪▼▼▼▼▼▼▼▼▼	49	≪≪≪≪▼▼▼▼▼▼▼▼▼
10	≺	30	≪≪≪	50	≪≪≪≪≪
11	≺▼	31	≪≪≪▼	51	≪≪≪≪≪▼
12	≺▼▼	32	≪≪≪▼▼	52	≪≪≪≪≪▼▼
13	≺▼▼▼	33	≪≪≪▼▼▼	53	≪≪≪≪≪▼▼▼
14	≺▼▼▼▼	34	≪≪≪▼▼▼▼	54	≪≪≪≪≪▼▼▼▼
15	≺▼▼▼▼▼	35	≪≪≪▼▼▼▼▼	55	≪≪≪≪≪▼▼▼▼▼
16	≺▼▼▼▼▼▼	36	≪≪≪▼▼▼▼▼▼	56	≪≪≪≪≪▼▼▼▼▼▼
17	≺▼▼▼▼▼▼▼	37	≪≪≪▼▼▼▼▼▼▼	57	≪≪≪≪≪▼▼▼▼▼▼▼
18	≺▼▼▼▼▼▼▼▼	38	≪≪≪▼▼▼▼▼▼▼▼	58	≪≪≪≪≪▼▼▼▼▼▼▼▼
19	≺▼▼▼▼▼▼▼▼▼	39	≪≪≪▼▼▼▼▼▼▼▼▼	59	≪≪≪≪≪▼▼▼▼▼▼▼▼▼
20	≪	40	≪≪≪≪	60	▼

옛날 옛적의 숫자들

누었고, 한 시간을 60분으로 나누었다. 또 각도를 60도로 나누기도 했다. 바빌로니아 인들의 수 체계는 60진법이었다.

바빌로니아 인들은 철필이나 막대기를 사용해서 작은 점토판에 그들의 숫자와 문자를 표시했는데, 이런 문자와 숫자들은 그 모양 때문에 '쐐기 문자'라고도 한다. 쐐기 문자는 철필로 긁어 낸 모양으로 '설형 문자'라고도 부른다. 점토판은 계산하기 어려운 덧셈이나 곱셈 그리고 나눗셈 등이 적혀 있으며, 구워서 만들었다. 그 표시는 1부터 10까지 있으며 60뿐만 아니라 60×60도 표시할 수 있었으며, 우리가 오늘날 사용하는 것과 같이 위치에 따라 나타내는 값이 달랐다. 예를 들어, 83과 7476을 나타내려면 다음 그림과 같이 숫자를 나타냈다.

83 = ▼ ◀◀▼▼▼
　　　1×60　+23

7476 = ▼▼　▼▼▼　▼▼▼　▼▼▼
　　　　　　▼　　　　　▼▼▼
　　　2×3600 + 4×60 + 3×10 + 6

오늘날 우리가 사용하고 있는 숫자를 '인도-아라비아 숫자'라고 한다. 이 숫자는 아라비아에서 발명되었다고 알려져 왔으나, 이것은 잘못 알려진 것이다. 이 숫자는 원래 인도에서 고안되어 사용되던 것을 아라비아 인들이 유럽에 전한 것이다.

이 숫자에 대한 기원은 확실치 않지만, 기원전 500년 초기에 중앙 인도에서 처음 사용된 것으로 추측하고 있다. 아라비아 학자들은 손으로 쓰여진 그 당시의 인도 수학책에서 처음으로 그 숫자를 보게 되었고, 다시 그 모양을 본떠 다른 책에 기록했다. 결국 사람이 손으로 쓰고 베끼면서 그 형태가 조금씩 변하게 되었고, 1450년경에는 인쇄술의 발명으로 그 모양이 오늘날 우리가 사용하고 있는 것과 비슷한 형태가 되었다.

연도	숫자 모양
976년	１２℥ＹＶ６７８９
1150년	１ＺＺＸＹ６７８９
1303년	１７Ｚ８Ｙ６Λ８９０
1442년	１２ＺＹ６Λ８９０
1508년	１２２４５６７８９０
1522년	１２３４５６７８９０

　지금까지 알아본 이집트, 그리스, 마야, 바벨로니아 인들의 수 표현법으로 다음 수를 나타내어 보자.
　　　　(1) 4729　　　　　　　　(2) 62974

사물함 열고 닫기

24는 6으로 나누어 떨어지기 때문에 6을 24의 약수라고 한다. 자기 자신을 제외한 약수를 진약수라고 한다. 예를 들어, 1, 2, 3, 4, 6, 8, 12는 모두 24의 진약수이다. 이와 같은 약수에 대한 재미있는 수학이 있다.

피타고라스는 정수를 사용해서 세상의 모든 것을 나타낼 수 있다고 주장했다. 피타고라스는 '수'를 매우 신성한 것으로 여겼는데, 그의 제자들은 친화수, 완전수, 부족수, 과잉수, 형상수 등과 같은 여러 종류의 수들을 만들어 냈다.

피타고라스의 제자들을 피타고라스 학파라고 하는데, 그들은 한곳에 모여 살면서 피타고라스에게 여러 가지를 배웠다. 그러나 수업할 때 그 내용을 기록하거나 특별한 표시를 할 수 없어서, 단지 그 모든 내용을 귀담아듣고 기억해야만 했다.

어느 날, 제자가 물었다.

"선생님, 친구란 무엇입니까?"

피타고라스가 대답했다.

"친구란 또다른 나이다. 마치 220과 284처럼."

피타고라스는 질문에 답을 할 때 위와 같이 한 마디만 했다고 한다. 그 속에 담긴 뜻은 질문자 스스로가 해결해야 했으니, 이 질문을 한 사람은 얼마나 고민했을까?

그 뒤, 그들은 220과 284를 '친화수'라고 불렀다. 그럼 피타고라스는 왜 220과 284를 친구와 같다고 했을까?

220의 진약수 1, 2, 4, 5, 10, 11, 20, 22, 44, 55, 110을 모두 더하면 합이 284이고, 284의 진약수 1, 2, 4, 71, 142를 모두 더하면 합이 220으로 같기 때문이다.

이렇듯 두 수가 친화수라는 것은 각 수의 진약수의 합이 다른 수와 같다는 것이다. 고대 수학자들은 220과 284 이외의 친화수는 알지 못했다. 그래서 이 한 쌍의 친화수는 고대 수학에 자주 등장한다. 이 수들은 부적을 만드는 데 사용되기도 했으며, 마법이나 점성술에서도 중요하게 여겨졌다. 따라서 그리스 인들은 친화수를 찾기 위해서 많은 시간을 보냈다. '옛날 옛적의 숫자들' 코너에서 소개했듯이, 그들은 알파벳의 각 문자에 숫자를 대입하여 이름에서 숫자를 얻었다. 그리고 그 숫자들 사이에서 친화수를 찾았다. 만일 신랑과 신부의 이름에서 얻은 숫자가 220과 284라면 완벽하고 행복한 결혼이라고 생각했다. 이는 마치 우리 나라에서 결혼할 때 궁합이 좋은지를 따지는 것과 같다. 지금 생각하면 우스운 일이지만 당시 결혼을 앞둔 신랑과 신부에게는 매우 중요한 일이었다.

1636년 전까지는 다른 어떤 친화수의 쌍도 발견되지 않았다. 그런데 프랑스의 수학자 페르마가 마침내 또다른 친화수 17296과 18416을 찾아 냈다. 그리고 곧이어 1638년 역시 프랑스의 뛰어난 수학자인 데카르트가 세 번째 친화수인 9363584와 9437056을 찾았다. 그 후, 스위스의 수학자 오일러는 1747년에 30쌍의 친화수를 찾았고, 더 연구한 끝에 모두 60쌍의 친화수를 찾았다. 재미있는 사실은 1866년에 16세의 어린 이탈리아 소년 니콜로 파가니니가 그 동안 아무도 발견하지 못했던 작은 친화수의 쌍 1184와 1210을 발견했다는 것이다. 14595와 12285도 페르마가 발견한 것보다 작은 친화수인데, 현재까지 알려진 친화수는 약 400쌍이나 된다.

수의 신비로운 성질에 흥미를 느꼈던 고대 그리스 인들은 6의 진약수 1, 2, 3으로부터 1+2+3=6이라는 성질을 발견했다. 6은 진약수의 합이 자신과 같기 때문에 '완전수'라고 한다. 그리스 인들은 6과 같은 완전수를 찾기 위해서 많은 노력을 했다. 그들은 완전수를 찾는 도중에 두 가지 다른 종류의 수를 만나게 되었다.

예를 들어, 15의 진약수는 1, 3, 5이고, 그들의 합은 1+3+5=9이다. 이 합은 원래 자신보다 부족하기 때문에 이런 수를 '부족수'라고 한다. 또 12의 진약수는 1, 2, 3, 4, 6이고, 이들의 합은 1+2+3+4+6=16이다. 이처럼 진약수의 합이 자신보다 큰 수를 '과잉수'라고 한다.

최초의 완전수 6 이후에 발견한 또다른 완전수는 28인데, 어떤 사람들은 두 완전수 6과 28을 최고의 건축가라고 했다. 왜냐하면 세상은 6일 만에 창조되었고, 달은 지구의 둘레를 28일에 한 바퀴씩 회전하기 때문이다.

완전수를 찾는 것은 대단히 어렵다. 1950년 전까지 완전수가 12개만 발견되었다. 그리고 1951년과 1952년에 UCLA에서 전자계산기 SWAC을 이용해서 새로운 완전수를 더 찾아 내어 모두 17개의 완전수를 찾았다.

앞서 말한 6과 28 이외의 완전수로는 496, 812833550336, 8589869056,

137438691328 등이 있다. 물론 그 다음 완전수는 아주 큰 수인데, 어떤 완전수는 1372자리의 숫자이다. 이 정도의 숫자라면 보통 책의 한 쪽을 빽빽이 채우고도 남는다.

수학의 역사를 연구하는 사람들 중에는 친화수와 완전수라는 개념이 피타고라스 학파에 의해서 만들어졌다고 주장하는 쪽과 그렇지 않다고 주장하는 쪽이 있다. 하지만 '형상수'의 경우는 피타고라스 학파에 의해서 만들어졌다는 데에 모두가 동의한다.

점의 개수로 나타내는 형상수는 당시 기하학과 산술의 밀접한 관계를 보여 주는 것이다. 다음 그림은 이런 형상수들 중에서 삼각수와 사각수를 나타낸 것이다. 이들 이외의 형상수들인 오각수, 육각수 등은 여러분이 직접 그려 보기 바란다.

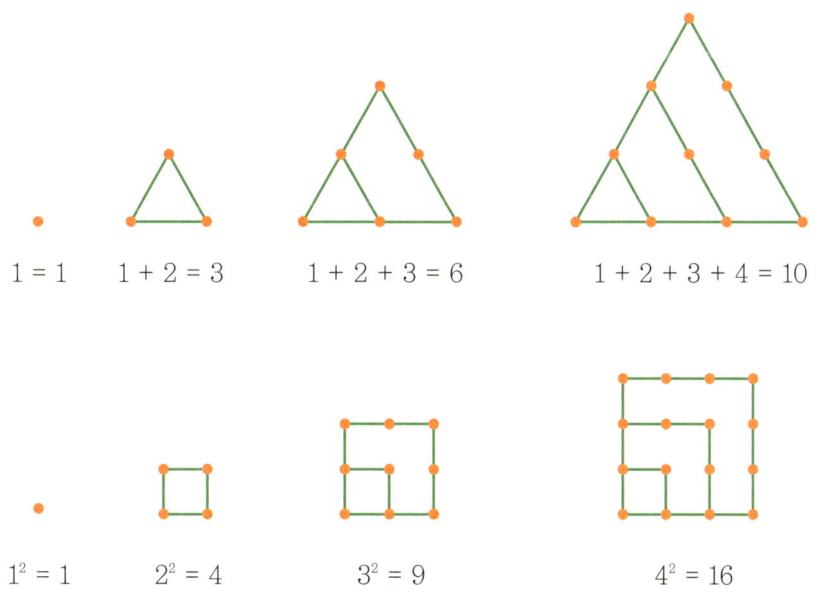

위 그림에서 $1^2=1$, $2^2=4$, $3^2=9$, $4^2=16$과 같으므로, 특히 사각수를 '완전제곱수'라고 한다. 이제 이 사각수에 관련된 재미있는 문제를 알아보도록 하자.

어느 학교에 1000명의 학생과 사물함이 있다고 하자. 1000개의 사물함에 1부터 1000까지 차례대로 번호를 붙이고, 다음과 같이 1000명의 학생이 차례로 사물함을 열고 닫아 보자.

1) 첫 번째 학생은 모든 사물함을 닫는다.
2) 두 번째 학생은 2의 배수인 사물함을 택하여 모두 연다.
3) 세 번째 학생은 3의 배수인 사물함을 택하여 닫혀 있는 사물함은 열고, 열려 있는 사물함은 닫는다.
4) 네 번째 학생은 4의 배수인 사물함을 택하여 닫혀 있는 사물함은 열고, 열려 있는 사물함은 닫는다.
5) 위와 같은 방법으로 차례대로 계속해서 열고 닫는다.

1000명의 학생들이 모두 위와 같은 방법에 따라 사물함을 열고 닫는다면, 닫혀 있는 사물함은 어떤 것일까?

이 문제를 간단히 풀려면 표를 만들어서 차례대로 여닫는 표시를 해 보아라. 그러면 완전제곱수 번호가 붙어 있는 사물함만 닫혀 있다는 것을 알게 된다. 그 이유는 완전제곱수의 약수는 1과 자신 그리고 제곱하여 자신이 되는 정수, 이렇게 세 개뿐이므로 닫고, 열고, 닫게 되기 때문이다.

보다 구체적으로 9를 생각해 보자.

$9=3^2=3\times3$이므로 9의 약수는 1, 3, 9뿐이다. 따라서 번호 9가 붙은 사물함

은 맨 처음에 1번 학생에 의하여 닫히고, 3번 학생에 의해서 열리고, 다시 9번 학생에 의해서 닫히게 된다. 그 뒤의 학생은 번호가 9보다 크므로 다시는 9번 사물함을 건드리지 않게 되는 것이다.

어떤가? 조금만 생각하면 간단히 해결된다. 이처럼 수학은 생각을 잘 하면 쉽게 풀린다.

 귀뚜라미의 수학

자연은 인간의 손이 닿지 않으면 아주 조화롭게 평형을 유지한다. 이렇게 자연적인 평형에는 수학적으로 재미있는 것들이 많이 있는데, 한번 살펴보자.

미국의 캘리포니아 주에 있는 세쿼이아국립공원에는 3000살에서 4000살쯤 된 나무가 있다고 한다. 이런 나무를 직접 본 적은 없지만, 그 둘레가 보통 중학생 15명이 손을 잡고 빙 둘러선 것과 같다고 하니 어마어마한 크기의 나무이다.

우리 나라에는 이렇게 큰 나무는 없지만, 수명이 오래된 나무나 역사적으로 가치가 있는 나무들을 보호수로 지정해서 보살피고 있다. 그 대표적인 나무가 아마도 천 살쯤 된 경기도 용문사의 은행나무일 것이다.

그렇다면 이러한 나무들의 수명은 어떻게 알 수 있을까?

나무의 수명은 나이테로 알 수 있다. 어떤 나무든지 나무의 줄기나 뿌리의 횡

단면에 나이테를 가지고 있는데, 나이테가 생기는 이유는 나무가 여름과 겨울을 거치면서 여름에는 많이 자라고 겨울에는 거의 자라지 않기 때문이다. 다시 말해서, 나무가 봄부터 여름까지 왕성하게 성장할 때는 세포가 크고, 세포의 벽은 얇아져 부드럽고 색도 연해진다. 하지만 가을부터 겨울 동안에는 세포가 작고 세포의 벽이 두꺼워져 단단하고 진한 색이 생기는데, 이러한 계절 변화가 계속되면서 나이테가 생겨나는 것이다.

산에서 길을 잃었을 때에도 나무의 나이테를 보고 동서남북의 방향을 찾을 수 있다고 한다. 나이테의 간격이 좁은 쪽은 추운 쪽으로 북쪽을 가리키고, 간격이 넓은 쪽은 따뜻하여 잘 자란 쪽으로 남쪽을 가리킨다는 것이다.

그러나 여러분이 산 속에서 길을 잃는다면, 지금껏 그럴듯하게 알려진 이 방법으로는 길을 찾지 말길 바란다. 나이테는 그 방향에 관계 없이 생장 조건에 따라서 그 폭이 결정된다는 연구 결과가 최근에 발표되었기 때문이다. 등산을 하면서 직접 확인해 보면 알겠지만, 나이테가 좁은 쪽이 반드시 북쪽은 아니라는 것을 알 수 있을 것이다.

이제 나이테로 나무의 나이를 맞혀 보자.

같은 기후 조건에서 같은 종류의 나무는 같은 크기만큼 자랄 것이다. 그렇다면 나이테의 폭도 같으리라는 것을 쉽게 짐작할 수 있다.

다음 그림은 2004년에 잘린 나무의 조각이고, 이 나이테의 개수를 세어보면 이 나무가 37년을 살았다는 것을 알 수 있다. 거꾸로 거슬러 올라가면 1968년부터 자라기 시작한 나무라는 것을 알 수 있는 것이다.

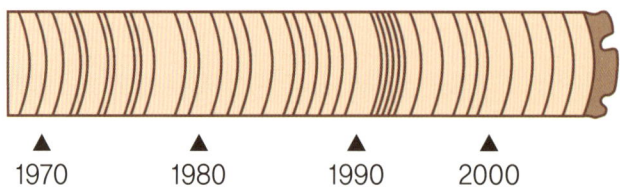

    다음 그림은 위의 나무와 같은 종류인 나무의 나이테이다. 그럼, 이 나무는 몇 년부터 자라기 시작해서 몇 년에 죽었을까?

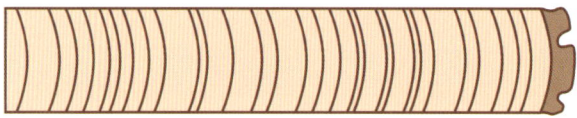

이 나무의 나이를 알기 위해서 처음 나무의 나이테와 비교하면 다음과 같다.

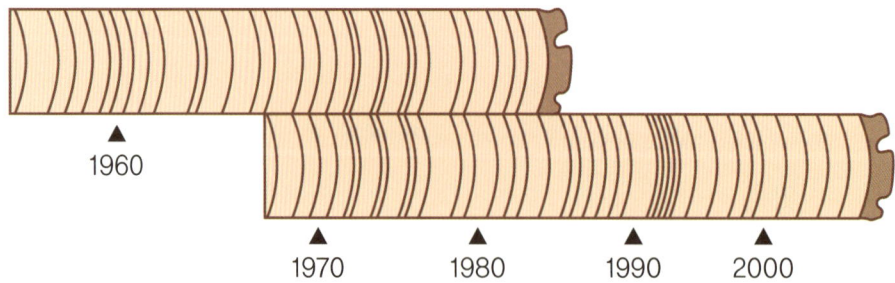

    따라서 이 나무는 1954년부터 자라기 시작해서 1983년까지 29년을 산 나무라는 것을 알 수 있다.
    그렇다면 다음 그림과 같은 나이테를 갖는 나무는 언제부터 언제까지 살았던 나무일까? 마찬가지 방법으로 이 나이테를 처음 나이테에 잘 맞춰 보면 알 수 있는데, 이 나무는 훨씬 오래 전부터 살기 시작해서 37년 동안 산 나무이다. 이

와 똑같은 그림이 이 책의 부록에 주어져 있다. 여러분이 한번 맞춰 보기 바란다.

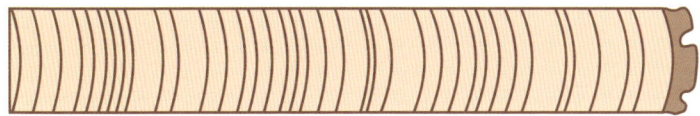

 답은 194쪽에

이번에는 자연에서 곤충과 관련된 수학을 알아보자.

지면에서 100m 높아질 때마다 기온은 약 0.6℃씩 내려간다고 한다. 예를 들어, 에베레스트 산의 높이는 약 8800m이고, 100m 높아질 때마다 0.6℃씩 낮아지기 때문에 산 정상의 기온은 산 아래보다 0.6×88℃, 약 53℃가 낮다. 그러니까 산 아래의 기온이 영상 20℃일 경우라도 산 정상은 영하 33℃가 되는 것이다.

우리 나라에서는 기온을 나타낼 때 주로 섭씨(℃)를 사용하지만, 미국이나 유럽에서는 화씨(℉)를 주로 사용한다. 섭씨 온도를 화씨 온도로 바꾸는 식은 F=1.8×C+32인데, 이 식을 이용하면 섭씨 온도가 화씨 온도로 얼마인지 알 수 있다. 예를 들어, 섭씨 5°는 화씨 41°이고, 화씨 95°는 섭씨 35°이다.

이렇듯 현재 기온이 섭씨 또는 화씨로 몇 도라는 것은 모두 온도계로 알 수 있다. 그런데 온도계가 없어도 온도를 알 수 있는 방법이 있다. 그것은 바로 자연 속에 사는 곤충, 여치와 귀뚜라미이다.

여름부터 열심히 노래를 부르기 시작하는 여치와 귀뚜라미는 기온의 변화에 따라서 노래하는 횟수가 다르다고 한다. 수학적으로 계산해 본다면, 여치와 귀뚜라미가 1분 동안 우는 횟수를 c라고 하고, 화씨 온도를 t라고 하면 c=4t−160 이라고 한다.

약 4.5℃
(울지 않는다.)

약 7℃
(분당 20회)

약 21℃
(분당 120회)

아주 추운 날에 귀뚜라미나 여치가 노래하는 소리를 들어 보았는가? 얼음이 어는 온도가 되면 소리를 들을 수 없을 것이다. 사실 온도가 t=40°F라면 c=4t-160이므로 c=0이다. 하지만 t=45°F가 되면 c=(4×45)-160=20이므로 1분에 20회를 노래한다. 반면에 온도가 70°F쯤으로 올라가면 빠르고 시끄럽게 노래한다. 기온이 80°F라면 c=(4×80)-160=160이므로 귀뚜라미는 분당 160회를 노래한다.

거꾸로 생각해 보자. 여치나 귀뚜라미가 1분에 200번을 노래한다면 온도는 $t=\frac{200}{4}+40=90°F$이다. 이를 섭씨로 고치면 32℃가 된다. 그래서 무더운 여름에는 여치나 귀뚜라미가 아주 시끄럽게 노래한다. 그리고 우리 나라 초가을의 낮 기온은 보통 20℃ 안팎이기 때문에 여치나 귀뚜라미는 1분에 약 120번쯤 노래한다.

나무의 나이테라든지, 귀뚜라미 온도계와 같은 자연적인 현상과 습성을 밝히는 데 어려운 수학이 필요하지 않다. 또 이런 것은 우리 생활에서 별로 중요하지도 않다. 하지만 이런 사실을 발견하는 것은 수학의 또다른 매력 중의 하나이다. 여러분 주위에 숨어 있는 수학이 있는지 잘 찾아보기 바란다.

마술로 보여 주는 고무줄 옮기기

세 번째 마술은 주변에서 흔히 볼 수 있는 고무줄을 이용한 것이다. 이 고무줄 장난은 오래된 마술 중 하나인데, 이 마술에는 좀 어려운 수학인 '불변식 이론'이 들어 있다. 이 이론을 간단히 말하면 공간을 뒤틀거나 변형시켜도 변하지 않는 성질이 있다는 것이다. 고무줄은 끊지만 않는다면 꼬거나 잡아당겨도 원래의 모양과 성질이 변하지 않는다.

이제 차례대로 주어지는 그림을 따라서 마술을 배워 보자.

참! 이 마술을 하려면 고무줄이 필요한데, 너무 헐렁한 것은 잘 되지 않으므로 적당한 것을 선택해야 한다.

1) 아래 그림과 같이 오른손 마지막 두 손가락에 고무줄을 끼우고, 손의 앞과 뒤를 관객들에게 보여

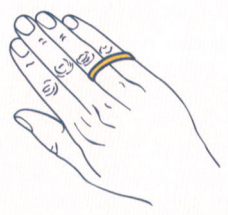

주어 단순히 두 손가락에 고무줄을 끼운 것임을 알려 준다.

2) 아래 그림과 같이 손가락을 구부린다. 이 때 주먹을 꽉 쥐거나 손 안쪽이 보이면 안 된다. 여기에서는 3번과 거의 동시에 이루어져야 하기 때문에 빠른 손놀림이 필요하다.

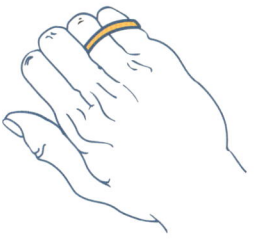

3) 2)번에서 손을 구부리는 것과 동시에 손 안쪽의 고무줄을 네 손가락 끝에 걸어야 한다. 이 때 손 안쪽을 보이지 않게 하면서 고무줄을 그림과 같이 손가락에 걸쳐야 한다. 즉, 고무줄을 손가락에 걸칠 때, 2)번에서 손가락을 구부리는 동시에 자연스럽게 구부린 손가락 위에 고무줄을 잡아당겨 손가락의 앞부분에 걸쳐야 한다. 단, 고무줄을 꼬지 않고 그냥 잡아당겨서 끼운다는 것을 명심해야 한다. 만약 꼬면 실패!

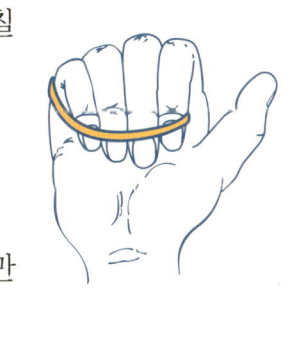

4) 이제 오른손을 왼손으로 가리고 주문을 외운 후에 두 손을 모두 펴면 순식간에 그림과 같이 마지막 두 손가락에 끼워져 있던 고무줄이 검지와 중지로 옮겨 가게 된다. 이제 정중히 인사만 하면 마술은 끝나게 되는 것이다. 간단하고 쉬우면서도 재미있지 않은가? 한번 시도해 보기 바란다.

모양 이어 붙이기

　작품 I 은 2003년 봄에 문예진흥원 마로니에 미술관이 기획한 '발견 2003-오픈 유어 아이즈' 전에 전시되었던 이중근 작가의 패턴 작업 중 한 작품이다. 오뚝이들이 촘촘하게 늘어선 것처럼 보이는 이 작품은 새로운 눈으로 살펴보면 '예비군복을 입은 우리 시대의 먹이 사슬'을 표현하고 있다고 한다.

　이 그림과 같이 평면을 겹치지 않고 빈틈없이 같은 모양으로 채우는 것을 '테셀레이션' 이라고 한다. 테셀레이션은 이슬람이나 이집트뿐만 아니라 로마, 그리스, 비잔틴 등 고대 서양 문화에서도 발견되고 있다. 또한, 조각보와 같은 한국의 전통 문양에서도 많이 찾아볼 수 있다.

　예술적인 아름다움과 수학적인 원리가 숨어 있는 테셀레이션은 정다각형과 평행 이동, 대칭 이동, 회전 이동 등 여러 가지 변환을 이용해서 다양하게 꾸밀 수 있다. 정다각형 중에서 평면을 겹치지 않게 덮을 수 있는 것은 정삼각형과

작품 I
제목 : Camouflage (위장)
작가 : 이중근
크기 : 120×120×5cm
제작연도 : 2003

정사각형, 그리고 정육각형 밖에 없기 때문에 테셀레이션의 조각 하나하나의 모양은 이들 도형을 이용해서 만든다.

   테셀레이션의 아름다움을 처음으로 보여 준 사람은 오스트리아의 콜로만 모저이고, 그 후 네덜란드의 에셔가 여러 가지 아름답고 유명한 테셀레이션을 선보였다. 에셔는 8세기경에 이베리아 반도를 정복한 이슬람 교도였던 무어 인들의 모자이크에서 영감을 받아, 단순한 기하학적 무늬에 수학을 이용해서 새로운 작품 세계를 만들었다. 지금도 그의 작품에 매료된 수많은 과학자들과 수학자들은 그의 작품 속에서 학문적 의미를 찾아 내는 작업을 계속하고 있다.

작품 II
제목 : First artwork by Graham (그라함의 첫작품)
작가 : 이중근
크기 : 90×90×5cm
제작연도 : 2007

이제 테셀레이션을 만들면서 직접 그 아름다움을 느껴 보자.

앞에서 말한 것과 같이 평면을 겹치지 않게 채울 수 있는 정다각형은 그림과 같은 정삼각형과 정사각형 그리고 정육각형이 있다.

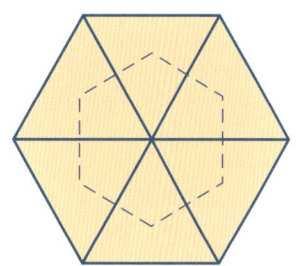 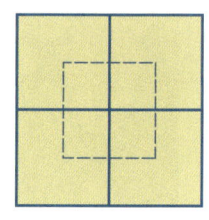 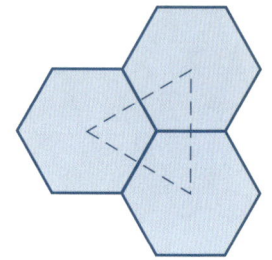

정삼각형을 모아 만드는 경우는 정육각형을 이용해서 만드는 과정과 비슷하다. 정삼각형의 경우에는 다음 그림과 같이 정육각형 내부에서 그림을 오려 붙인 다음 이들을 연결하면 완성된다.

정사각형의 경우에는 정사각형 모양의 색종이를 여러 장 준비하자. 그리고 그림과 같이 만들고자 하는 모양을 색종이에 그려 오려 낸 후, 색종이의 아랫부분에서 오려 낸 그림을 윗부분에 붙인다. 오려 낸 그림 조각은 아랫부분에서 오려 낸 부분과 똑같은 위치의 윗부분에 붙여야 한다.

　위와 아래가 결정되었기 때문에 오른쪽과 왼쪽도 같은 방법으로, 원하는 그림을 그린 뒤 오려 붙인다.

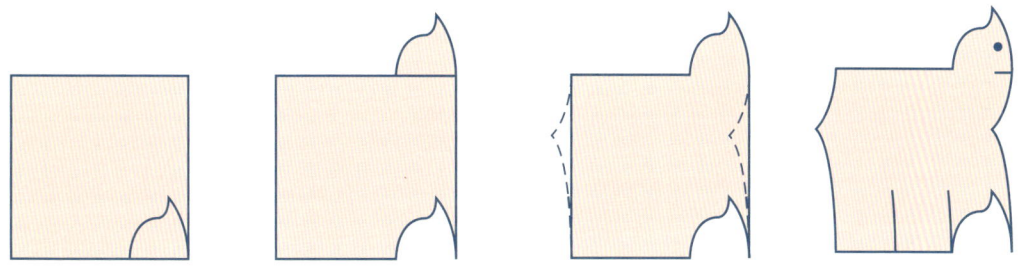

　이와 같은 과정을 되풀이해서 만든 여러 장의 색종이를 서로 겹치지 않게 붙이면 다음 그림과 같은 작품이 완성된다.

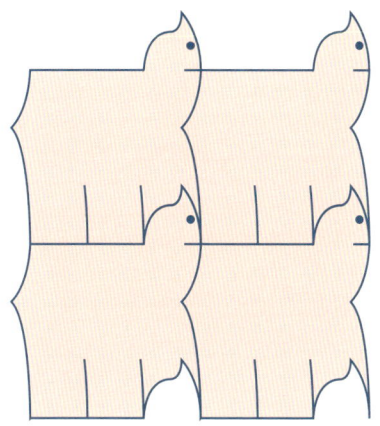

정사각형의 경우에는 다음과 같이 한 정사각형에 두 가지 그림을 반복할 수도 있다.

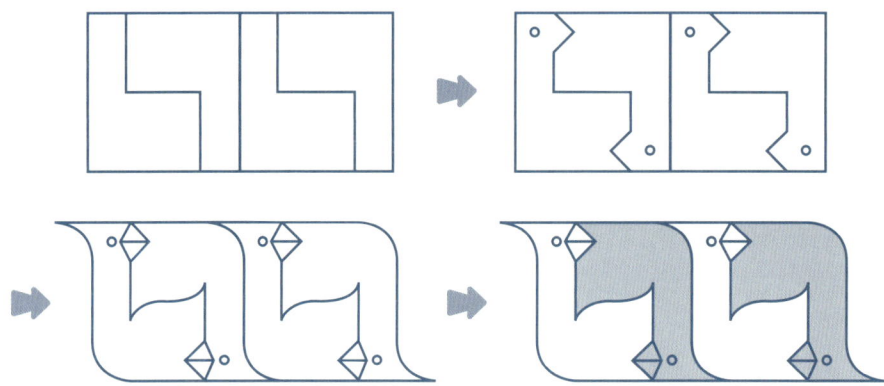

정사각형을 이용한 테셀레이션과 마찬가지 방법으로 직사각형을 이용할 수도 있다. 다음 그림은 두 개의 정사각형을 겹친 것이다. 뒤의 정사각형에서 오려 낸 부분을 앞의 정사각형에 덧붙였다.

이런 과정을 계속하면 다음과 같은 모양을 만들 수 있다.

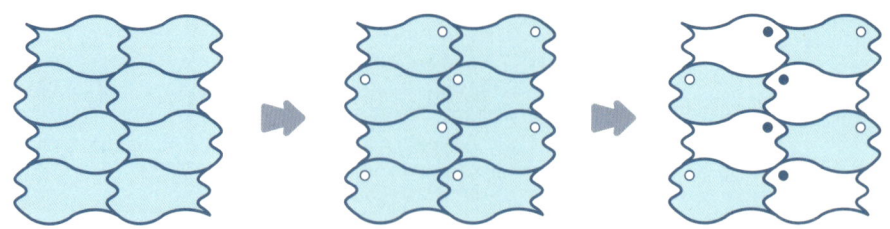

정육각형의 경우에도 앞에서 설명한 방법을 따라 만들면 다음과 같은 그림을 완성할 수 있다.

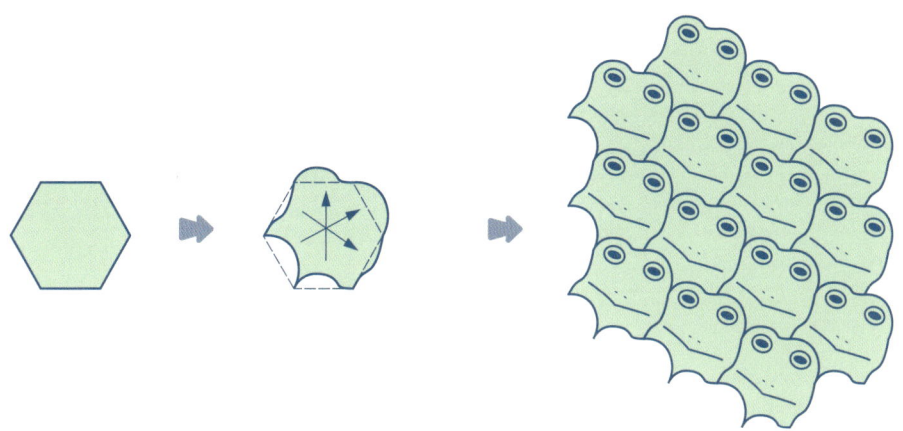

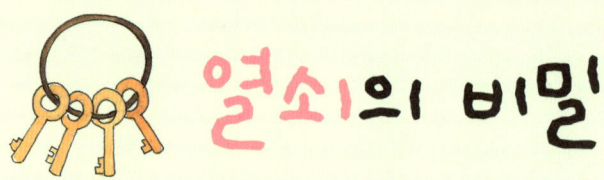

열쇠의 비밀

해외 여행을 다녀온 사람들이 가장 많이 사 오는 기념품은 열쇠고리이다. 이 열쇠고리 선물의 의미는 '당신에게 행운을 드립니다' 라고 한다.

그런데 행운을 가져다 준다는 이 열쇠고리에 끼워지는 열쇠도 수학으로 이루어져 있다. 어떤 수학이 숨어 있는지 그 세계 속으로 들어가 보자.

기원전 2000년에 이집트의 사원 벽화에 큰 칫솔 모양의 나무로 된 열쇠 그림이 있다. 이것으로 보아, 열쇠는 그 이전부터 사용된 것으로 짐작할 수 있다. 이 벽화의 열쇠는 현재까지 알려진 것 중에서 가장 큰 열쇠이다. 이집트에서는 이 밖에도 금속으로 만든 L자 모양의 열쇠도 발굴되었다.

그러나 오늘날과 같은 열쇠와 자물쇠를 처음 사용한 사람들은 로마인들이었다. 그들은 최초로 자물쇠 속에 울퉁불퉁한 쇳조각을 고정시키고 그 모양에 맞는 열쇠를 사용해서 잠그기도 하고 열 수도 있게 만들었다. 이것은 19세기 미국에서, 오늘날 널리 사용되고 있는 것과 같은 모양의 자물쇠가 발명될 때까지 오랫동안 유럽과 미국에서 사용되었다. 중국에서도 주나라나 한나라의 문헌을 살펴보면, 열쇠에 관한 기록이 있다.

이처럼 열쇠는 아주 오래 전부터 사용되었다는 것을 알 수 있다. 우리 나라에서도 삼국 시대 이전의 자물쇠와 열쇠가 출토되었다고 한다. 우리 조상들은 자물쇠와 열쇠를 건물이나 가구류에 널리 사용했는데, 그런 자물쇠와 열쇠는 매우 정교하게 만들어졌다고 한다. 우리 조상들은 귀중한 물건을 안전하게 지킨다는 본래의 기능 이외에도 자물쇠를 공예품으로서 더욱 복잡하고 정교한 구조로 발전시켰다. 심지어 열쇠의 구멍을 찾는 데만 2~3단계를 조작해야 하는 비밀 자물쇠도 만들었다고 한다.

열쇠는 동서양을 가릴 것 없이 권위의 상징이었다. 특히 종교적인 의미가 컸다. 고대 신화 중 아시리아의 니니브신은 천국과 지상으로 통하는 열쇠를 가지고 있다고 전해지고 있다. 또 사도 베드로는 천국의 열쇠를 가지고 있다고 해서, 가톨릭의 교황은 금과 은으로 된 열쇠로 권위와 정통성을 내세웠다고 한다.

열쇠는 권위의 상징으로도 사용되었지만, 악마를 물리치는 도구로도 사용되었다. 독일에서는 임신한 여성이 열쇠를 지니고 있으면 순산한다고 믿었다. 또 아기그네에 열쇠를 넣어 두면 아기가 젖을 빨리 떼고, 악마가 아기를 건드리지 못한다고 믿었다. 그래서 열쇠는 마녀와 악마 등을 물리치는 부적으로도 쓰였다.

중국과 우리 나라에서는 열쇠가 전통적으로 가정에서의 지위를 상징했다. 며느리가 들어온 집에서 때가 되면 시어머니가 며느리에게 곳간 열쇠를 물려 주었는데, 이는 시어머니의 뒤를 이어 집안일을 며느리에게 넘겨 준다는 뜻이었다. 특히 중국에서는 장남에게만 은으로 만든 자물쇠를 주었는데, 이는 장남이 오래 살 수 있도록 생명을 이어 준다는 뜻을 지니고 있다고 한다.

오늘날, 자물쇠와 열쇠는 그 전통적인 모양과 쓰임새가 많이 바뀌었다. 지금은 비밀 번호를 눌러야 열리는 자물쇠, 지문 인식을 이용한 자물쇠 등 첨단 장비로 바뀌고 있다.

이와 같이 권위와 위엄, 그리고 부적과 행운으로 대변되는 열쇠에는 아주 재미있는 수학이 숨어 있다. 수많은 모양과 종류의 열쇠가 있지만, 일반적인 열쇠는 손잡이 한쪽에 평평하고 홈이 파진 부분이 이어져 있다. 또 위치에 따라서 높낮이가 다른 모양을 가지고 있기도 하다. 이런 열쇠들이 어떻게 만들어지는지 알아보자.

먼저, 다음 그림과 같은 고전적인 열쇠를 살펴보자.

그림에서는 열쇠의 긴 막대기 끝 부분의 높낮이에 따라 각각 0, 1, 2로 번호를 붙였다. 이와 같이 번호를 붙이는 작업을 '코드화한다'고 하며, 코드화해서 붙은 번호들을 그 열쇠의 '코드'라고 한다.

만약 위의 그림에서와 같이 세 부분만을 이용해서 높낮이가 모두 다른 열쇠를 만든다면, 서로 다른 열쇠를 몇 가지나 만들 수 있을까? 다음 그림과 같이 색칠된 부분을 고정시키고 코드화해 보자.

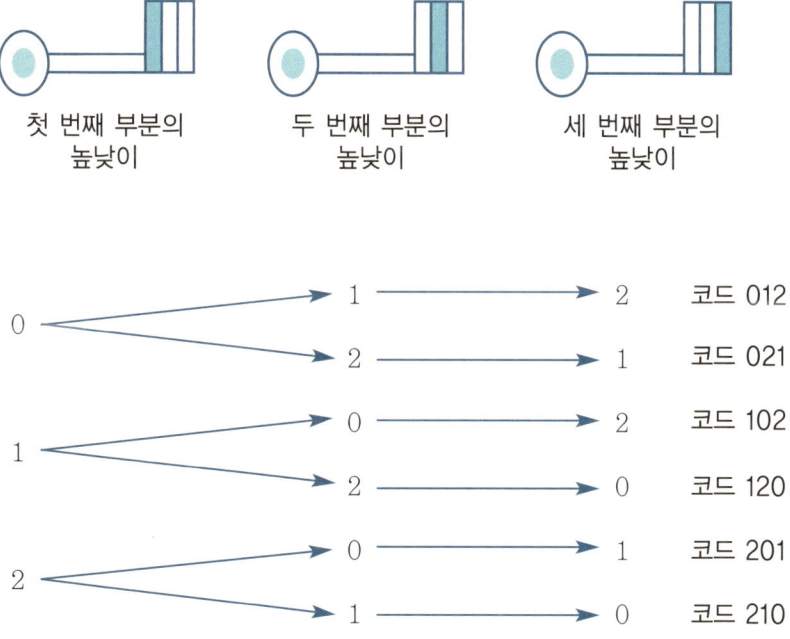

위의 그림에서 알 수 있듯이 모두 다른 높낮이를 가진 열쇠는 여섯 가지를 만들 수 있다. 여섯 가지가 나오는 이유는 첫 번째에서 세 가지의 높낮이를 선

택할 수 있고, 중복을 허락하지 않으므로 두 번째에는 두 가지, 그리고 마지막은 한 가지 밖에 선택할 수 없게 된다. 따라서 그 가짓수는 모두 $3 \times 2 \times 1 = 6$이다. 그러나 같은 높낮이를 허용한다면, 세 군데 각각 세 가지씩 선택할 수 있으므로 $3 \times 3 \times 3 = 27$개의 서로 다른 열쇠를 만들 수 있다.

이번에는 다음 그림과 같이 네 부분을 이용하여 열쇠를 만들어 보자. 더욱이 높낮이를 네 가지로 하고 같은 높이가 중복되지 않게 하려고 할 때, 서로 다른 열쇠는 과연 몇 가지나 만들 수 있을까?

이 경우에도 앞에서와 마찬가지로 첫 번째 선택할 수 있는 높낮이의 가짓수가 네 가지, 다음은 세 가지, 또 그 다음은 두 가지 그리고 마지막은 한 가지이기 때문에, $4 \times 3 \times 2 \times 1 = 24$가지이다. 그러나 높낮이의 중복을 허락한다면 무려 $4 \times 4 \times 4 \times 4 = 256$가지나 된다.

그렇다면 네 부분을 이용한 열쇠를 만들 때, 높낮이의 가짓수를 세 가지로 하고 중복을 허락하지 않는다면 서로 다른 열쇠를 몇 가지나 만들 수 있을까? 예를 들어, 첫 번째 높낮이를 0으로 하면, 아래 그림과 같이 코드화할 수 있다.

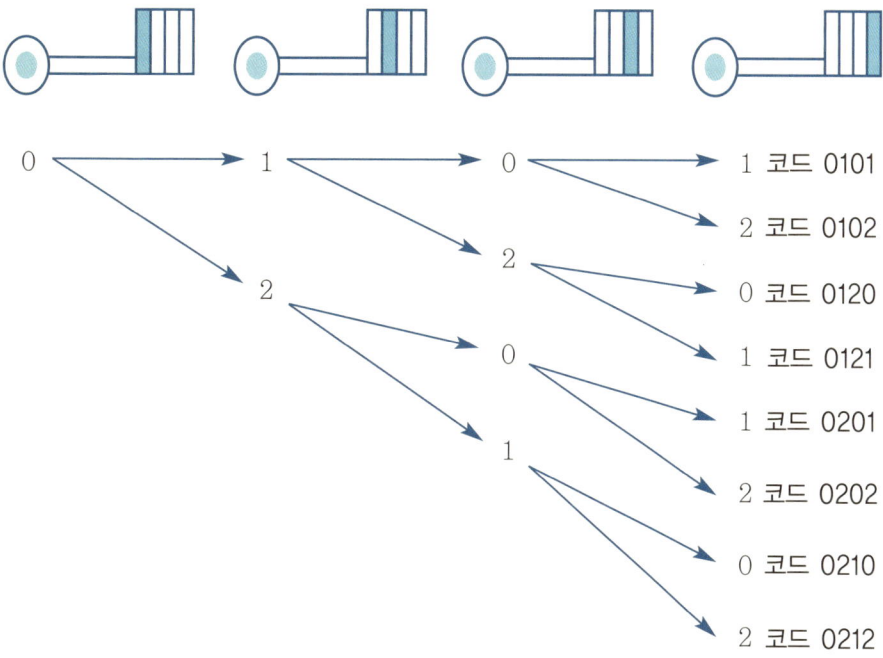

　코드화하는 그림에서 첫 번째 부분을 각각 1과 2로 놓고, 똑같이 구하면 모두 24가지가 있다는 것을 알 수 있다. 이와 같은 방법으로 조건을 바꾸면서 열쇠를 코드화하고, 그 가짓수를 맞추는 게임을 하면 재미있을 것이다.

　그런데 열쇠를 코드화하여 디자인하는 데에는 아주 중요한 문제가 있다. 그것은 바로 열쇠로 열 수 있는 자물쇠를 생각하는 것이다. 요즘은 자물쇠의 내부 구조상 높낮이가 세 가지로 구분되어 있는 것이 가장 흔하게 사용되고 있다. 또한 우리가 오늘날 사용하고 있는 열쇠는 거의 12부분으로 나뉘어 있다. 그리고 각각의 부분은 위의 그림처럼 세 가지 종류의 높낮이를 가지고 있으며 같은 높낮이를 허용한다. 그렇다면 우리가 가지고 있는 서로 다른 열쇠는 모두 몇 종류나 될까?

코드화된
여러 모양의
열쇠들

높낮이의 중복을 허락한다고 했기 때문에, 모두 $3^{12}=531441$가지의 서로 다른 열쇠를 만들 수 있을 것이다.

이와 같은 사실에서 재미있는 상상을 해 볼 수 있다. 53만 1442대의 자동차가 주차장에 주차되어 있다고 생각해 보자. 그렇다면 같은 열쇠로 열리는 자동차가 과연 있을까?

앞에서 알아본 것과 같이 서로 다른 열쇠의 종류는 53만 1441가지이고, 자동차는 53만 1442대가 있기 때문에 반드시 같은 열쇠로 열리는 다른 자동차가 있다.

숫자가 너무 크기 때문에 어렵게 생각된다면 맨 처음 만들었던 열쇠를 가지고 똑같은 상상을 해 보자.

세 부분과 세 종류의 높낮이를 이용해서 높낮이가 모두 다른 열쇠를 만들면 서로 다른 6개의 열쇠를 얻을 수 있다. 이런 방법으로 만들어진 열쇠로 열리는 자동차 7대가 주차되어 있다면 반드시 같은 열쇠로 열리는 자동차가 있다. 이와 같은 원리를 '비둘기집의 원리'라고 한다.

"비둘기 일곱 마리를 비둘기집 여섯 개에 넣으면 반드시 두 마리 이상 들어간 집이 있다."

비둘기집의 원리는 지극히 당연하고 사소하게 보이지만, 배열이나 패턴의 존재성 문제를 해결해 주는 가장 강력한 도구 중의 하나이다. 비둘기집의 원리란 결국 몇 개의 수가 있을 때, 그 중 적어도 하나는 평균 이상이라는 것이다. 마찬가지로 몇 개의 수 가운데 적어도 하나는 평균 이하라는 것도 같은 뜻이다.

종이 매듭으로 정다각형 만들기

긴 종이 테이프를 접거나 끼우면 여러 가지 모양의 매듭을 만들 수 있다.

수학에서 매듭 이론은 하나의 매듭이 다른 매듭으로 변형될 수 있는지를 연구하는 분야로, DNA의 기하학적 비밀을 해결하는 데 결정적인 역할을 하고 있다. 여기에서는 종이 테이프를 사용해서 정다각형을 만드는 매듭을 알아보려고 한다. 종이 테이프가 없으면 신문지를 길게 오려서 사용해도 된다.

종이 테이프를 이용해서 정다각형을 만들 때, 가장 간단한 것은 정사각형이다. 두 개의 종이 테이프를 접어서 서로 겹치면 정사각형이 되기 때문이다.

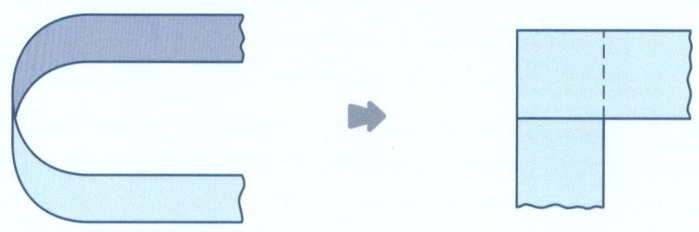

정오각형은 긴 종이 테이프를 아래 그림과 같이 매듭을 짓고, 팽팽하게 잡아당긴 후, 종이 테이프를 자르면 만들어진다.

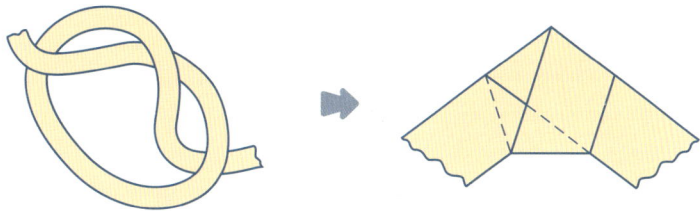

정육각형을 만들기 위해서는 너비가 같은 종이 테이프 두 줄이 필요하다. 종이 테이프 두 줄을 아래 왼쪽 그림과 같이 서로 교차해서 꼬이도록 묶는다. 그리고 두 개의 끈을 양쪽으로 팽팽하게 잡아당기면 오른쪽과 같은 모양을 얻는데, 양끝을 잘라 내면 정육각형이 된다.

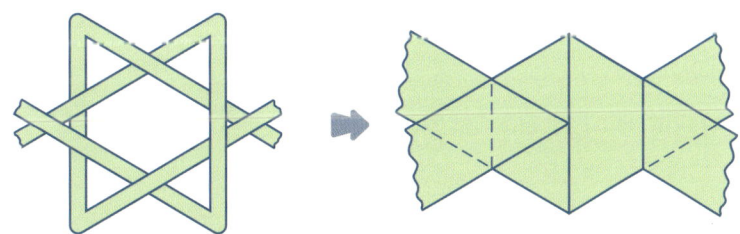

그리고 긴 종이 테이프 한 줄을 아래 그림과 같이 매듭을 지어서 자르면 정칠각형이 된다.

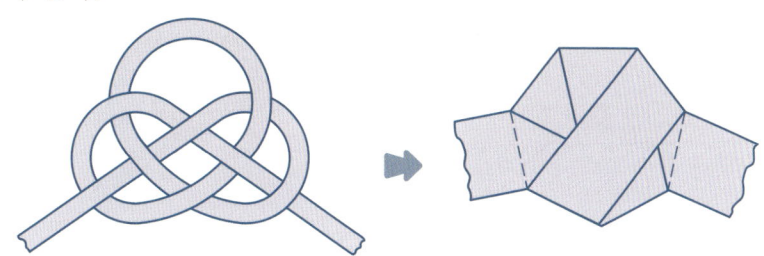

종이 테이프를 이용해서 정다각형을 만드는 데 가장 어려운 것은 정팔각형을 만드는 것이다. 같은 너비의 긴 종이 테이프 두 줄을 준비하여 순서대로 매듭을 만들어 보자.

1) 긴 종이 테이프로 오각형 매듭을 느슨하게 만든다. 다음 그림에서 보면 ①-②-③-④-⑤를 지나는 어두운 부분이다.
2) 두 번째 종이 테이프는 ⑥에서 출발해서 먼저 ①-②를 지나게 한다. 그리고 ③-④ 아래로 지나고 ⑦에서 꺾어 올린다.
3) 다시 ④-⑤ 아래로, ①-②를 위로 통과해서 ⑧에서 꺾어 올린다.
4) 또 ③-④ 아래로, ⑥-⑦ 아래로 통과해서, ⑨에서 꺾어 올린다.
5) 마지막으로 ③-④를 지나 ⑦-⑧과 ④-⑤ 아래를 차례대로 통과해서 ⑩으로 나간다.

종이 테이프를 조이고 접는 선은 아래 그림과 같다.

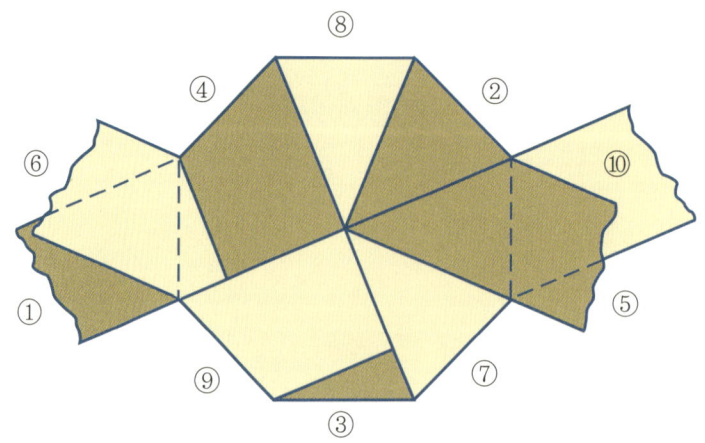

종이 테이프로 정팔각형을 접는 것이 어렵다면 색종이를 접어서 만들어 보자. 종이접기를 이용해서 정팔각형을 접을 때 가장 간단한 방법은 정사각형의 색종이를 이용하는 것이다. 우선 색종이를 다음 그림과 같이 접었다 편다.

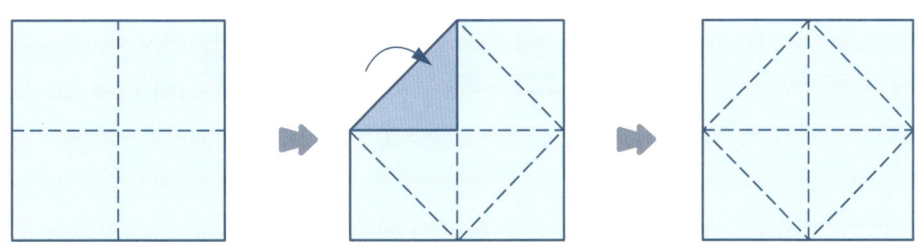

그리고 아래 그림과 같이 삼각형의 두 변이 나머지 한 변과 겹치도록 접는다. 삼각형 네 개에 이 과정을 모두 되풀이한 뒤, 뒤집으면 정팔각형이 된다.

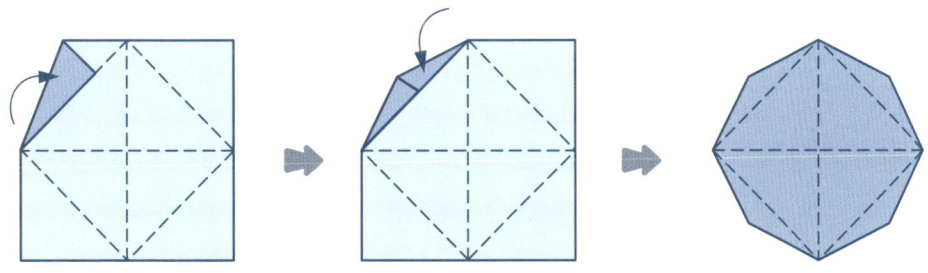

정팔각형은 전통적으로 보석함 또는 강가 혹은 산에 정자를 짓는 데 이용되었다. 그래서 우리 민족은 여러 가지 정다각형 중에서도 정팔각형을 귀한 도형으로 생각해 왔다.

그림으로 푸는 퍼즐

　수학을 공부하는 여러 가지 이유 중 하나는 생각의 폭을 넓히는 데에 있다. 이렇게도 생각해 보고, 저렇게도 생각해 보아서 주어진 문제의 답을 구했을 때의 즐거움을 알게 되면 수학이 재미있어진다. 그런데 요즘 학생들은 점수 따기에 바빠 생각할 시간과 기회를 빼앗기고, 단순히 수학을 답만 구하면 되는 과목으로 알고 있다. 그러면서 스스로 생각하는 능력이 서서히 약해지고, 학년이 올라갈수록 점점 깊은 생각을 요구하는 수학이 싫어지는 것이다.

　학년이 올라갈수록 수학이 갑자기 어려워지는 것은 아니다. 단순하게 계산만 반복하다 보니, 그 학년에 필요한 '생각하는 힘'을 기르지 못해서 결국에는 수학을 멀리하게 되는 것이다.

　그렇다고 계산이 중요하지 않다는 것은 결코 아니다. 계산이 수학의 중요한 일부분이기는 하지만, 수학의 전부는 아니다. 수학의 폭이 넓어질수록 논리를

필요로 하는 문제가 많아지는데, 논리를 필요로 하는 증명 문제 같은 것은 결코 반복 학습으로 해결할 수는 없다.

  그렇다면 수학의 기본을 이루는 논리력을 과연 어떻게 하면 키울 수 있을까? 이것은 생각만큼 어려운 문제가 아니다. 사실 우리의 생활은 논리를 기본 바탕으로 하고 있다. 다만 여러분이 그 사실을 느끼지 못할 뿐이다. 어려운 말로 하면, '논리란 생각하는 방법과 법칙을 연구하고 인간의 지적 능력을 계발하는 일종의 도구'라고 한다. 그러나 이와 같은 논리가 하루 아침에 얻어지는 것은 아니다. 논리는 생각하는 습관을 기르고, 열심히 책을 읽고, 계획적으로 일을 하고, 어떤 일을 마무리한 후에 반드시 반성과 점검을 하는 등의 과정을 통해서 점차적으로 이루어지는 것이다.

  이제 여러분들이 과연 논리적으로 생각을 하는지, 또한 수학을 잘 할 수 있는지를 다음 퍼즐을 통해 알아보자. 만약 여기에서 주어진 문제를 해결하고, 또한 그 방법과 이유를 다른 사람에게 차근차근 설명할 수 있다면, 여러분은 수학을 잘 할 수 있는 사람이다.

자! 시작해 보자.

다음 각각의 그림에 있는 ? 에 들어갈 그림은 무엇일까?

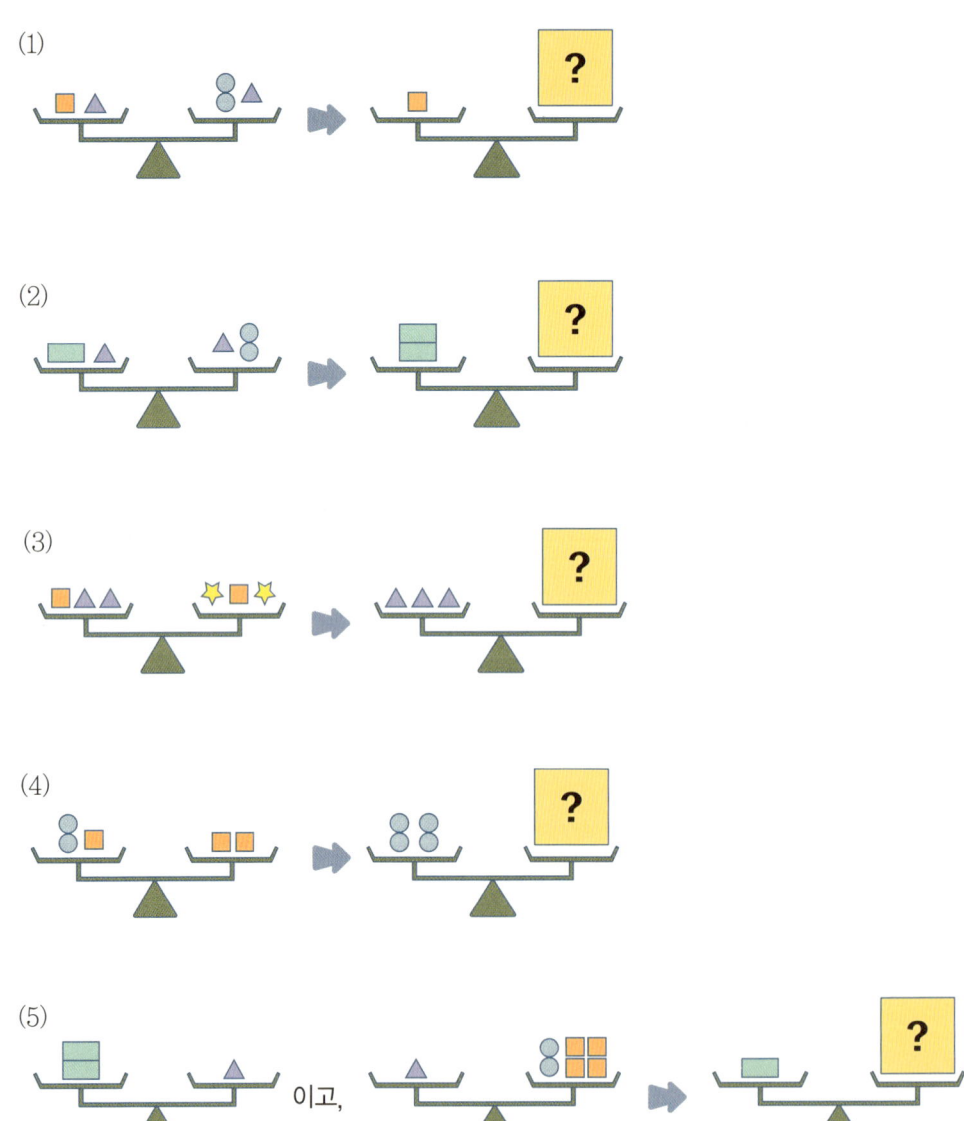

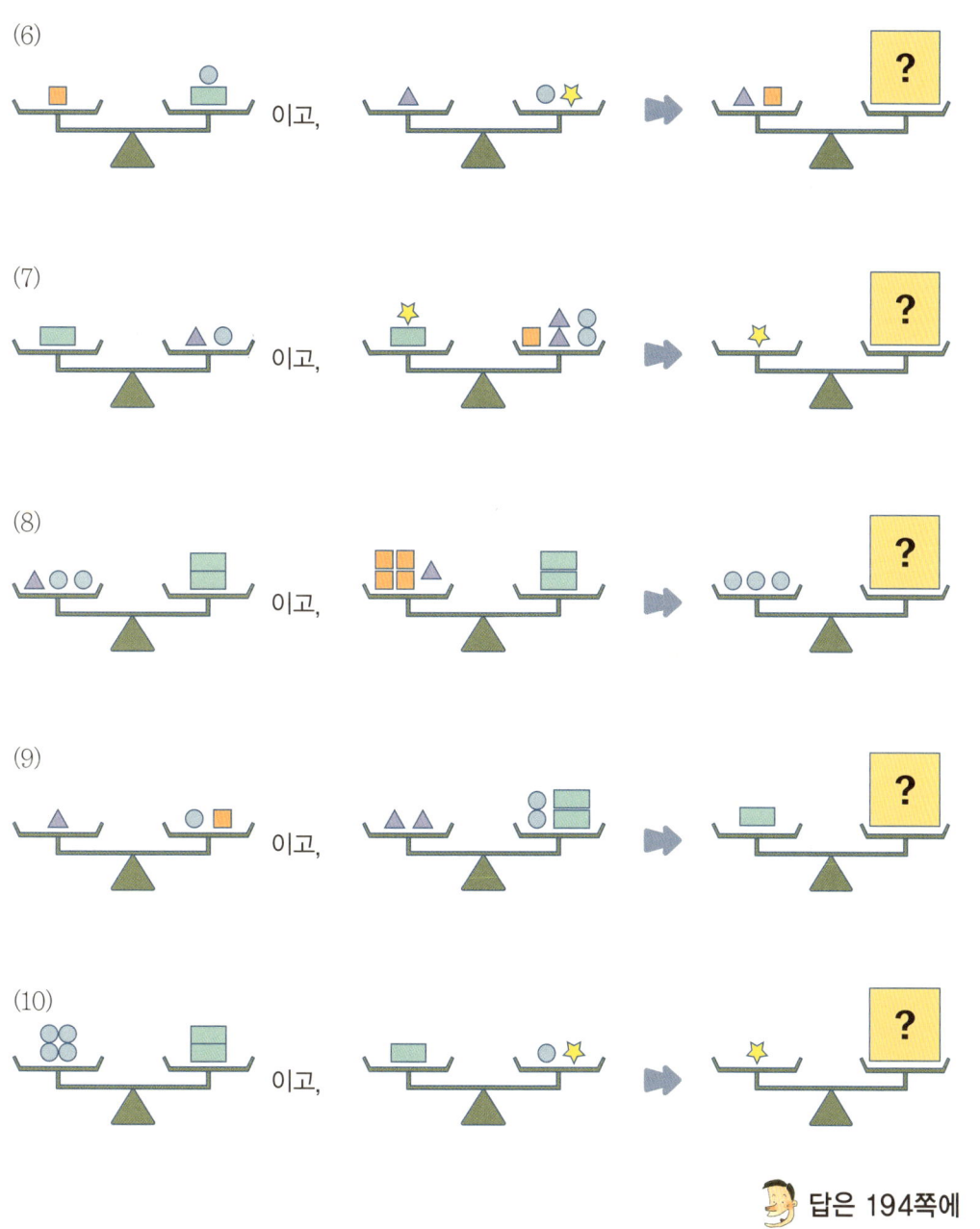

다음 각각의 그림 다음에 올 그림은 무엇일까?

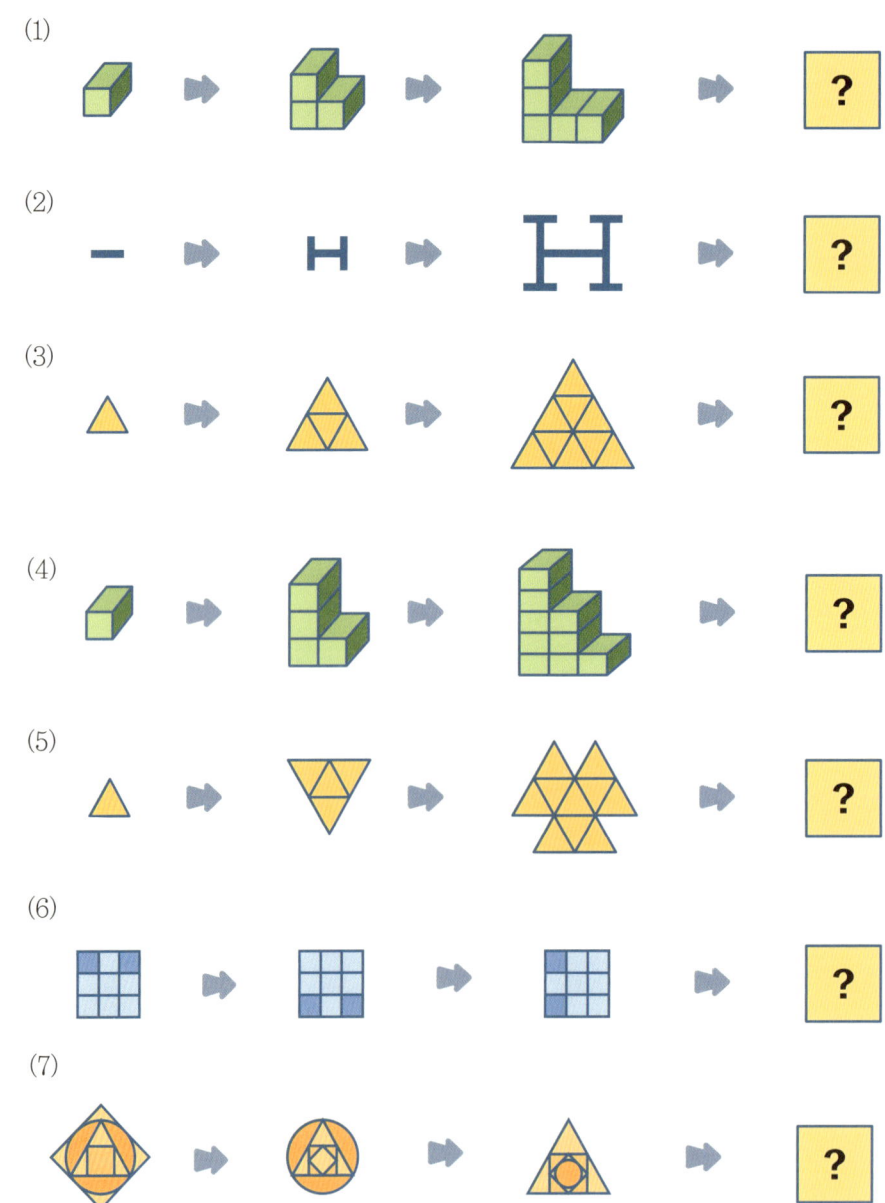

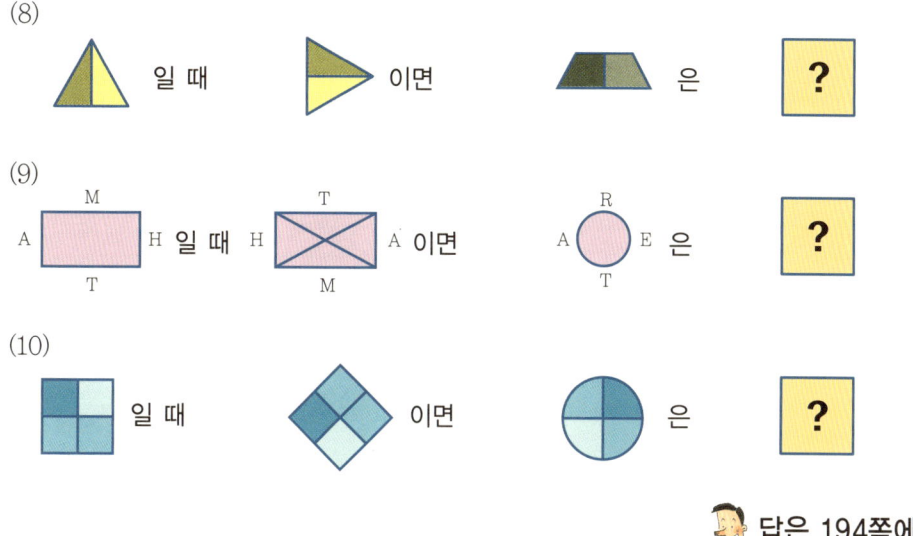

퍼즐을 푸는 동안, 여러분은 자기도 모르는 사이에 수학적인 생각을 많이 하게 되었을 것이나. 따라서 그만큼 더 수학적인 생각의 힘이 길러진 것이다. 이런 쉬운 것부터 시작해서 차근차근 생각하는 힘을 기른다면, 여러분도 수학에 재미를 느끼게 될 것이다.

달력 속에 숨어 있는 수학

　우리가 매일 보는 달력에도 재미있는 수학이 숨어 있다. 달력에는 어떤 수학이 숨어 있는지 그 비밀을 하나하나 찾아보자.

　여기서 소개할 내용은 아무 해 아무 달의 달력을 택해도 늘 같은 결과가 나오기 때문에, 연도에 상관 없이 아무 달력을 준비하고, 이제부터 제시하는 순서대로 달력에 표시를 해 보자.

1) 달력에서 어떤 달이든지 한 달을 고른다. 그리고 그림과 같이 주위에 이웃한 9개의 숫자를 선택한 뒤, 정사각형을 그리고 블록을 만든다. 이 블록은 마음대로 선택하면 된다.

2) 마음대로 선택한 이 블록의 첫 번째 행(가로)에는 숫자 세 개가 있다. 그 중에서 아무 숫자나 선택하여 동그라미를 친다. 그런 다음 선택한 숫자와 같은 열(세로)에 있는 나머지 두 숫자에는 가위표를 하자. 그러면 두 번째 행에는 두 숫자만 남게 된다.

3) 첫 번째와 마찬가지로 두 번째 행에서 남은 두 숫자 중 하나를 선택해서 동그라미를 치고, 그 열의 나머지 두 숫자에도 가위표를 한다. 그러면 마지막 남은 행에는 숫자 한 개만 남는다.

4) 세 번째 행에 남아 있는 한 개의 숫자에 동그라미를 친다.

달력 속에 숨어 있는 수학

5) 동그라미를 친 세 숫자의 합을 구하면 10+16+25=51이다. 이 합은 처음에 선택한 블록의 한가운데 있는 숫자 17의 세 배이다. 이런 방법으로 구한 합은 늘 선택한 블록의 한가운데 숫자의 세 배가 된다.

이번에는 16개의 숫자로 된 블록을 하나 선택해 보자. 물론 마음대로 선택하면 된다.

일	월	화	수	목	금	토
		1	2	3	4	5
6	7	8	9	10	11	12
13	14	15	16	17	18	19
20	21	22	23	24	25	26
27	28	29	30			

그리고 앞에서 했던 방법과 같이 첫 번째 행, 두 번째 행…… 등의 순서로 숫자들을 동그라미와 가위표를 한다.

여기에서는 3, 9, 18, 26을 선택했다. 선택한 숫자들을 모두 더하면 그 합은 늘 이 정사각형 블록의 대각선의 귀퉁이에 있는 숫자를 합한 수의 두 배가 된다. 즉, 대각선의 귀퉁이에 있는 수의 짝은 각각 2와 26 그리고 5와 23이므로 다음과 같다.

3+9+18+26=56=2×(2+26)=2×(5+23)

달력에는 가로와 세로의 합, 그리고 대각선의 합이 모두 같은 '마방진'과 같은 성질도 있다. 예를 들어, 위에서 선택했던 달에서 11이 가운데 있는 정사각형 9개의 숫자를 선택해 보자. 그러면 11을 포함하는 행, 열, 대각선의 합은 모두 33이다.

즉, 10+11+12=33, 4+11+18=33,
3+11+19=33, 5+11+17=33이다.

3	4	5
10	⑪	12
17	18	19

그러나 위의 정사각형에서 11을 포함하지 않는 행과 열의 합은 33이 아니다. 하지만 이런 행과 열에도 아름다운 규칙이 있다. 즉, 11을 포함하지 않는 행과 열을 선택해서 행은 행끼리, 열은 열끼리 더하면 앞에서 구한 합의 두 배가 된다. 직접 해 보자.

3+4+5+17+18+19=66=2×33
3+10+17+5+12+19=66=2×33

이번에는 덧셈을 쉽게 하는 방법을 알아보자.

예를 들어, 다음과 같은 달에서 한 주일을 모두 더한 값을 쉽게 구하는 방법을 알아보자.

일	월	화	수	목	금	토
	1	2	3	4	5	6
7	8	9	10	11	12	13
14	15	16	17	18	19	20
21	22	23	24	25	26	27
28	29	30	31			

위의 달에서 두 번째 주의 7일을 모두 더하면 70이 된다. 그 이유는 7개의 숫자 중 가운데 숫자를 중심으로 대칭이 되는 숫자끼리 더하면 모두 20이 되기 때문이다. 이것은 가운데 숫자에 7을 곱한 것과 같다.

7+8+9+10+11+12+13=7×10=70

14+15+16+17+18+19+20=7×17=119

이것은 어느 해, 어느 달의 어느 주라도 마찬가지이다.

또다른 방법도 있다. 첫 번째 숫자에 7을 곱한 다음 21을 더하는 것이다. 예를 들어, 세 번째 주의 첫 숫자는 14이므로 먼저 7을 곱하면 14×7=98이고, 다시 21을 더하면 98+21=119이다. 여기에서 21을 더하는 이유는 첫 번째 숫자와 나머지 숫자 사이의 차이가 각각 차례대로 1, 2, 3, 4, 5, 6이고, 이를 모두 더하면 1+2+3+4+5+6=21이기 때문에, 맨 첫 번째 숫자에 7을 곱한 후, 이 숫자들의 차이인 21을 더하는 것이다.

다음은 연이은 두 주의 숫자의 합을 구하는 방법을 알아보자.
예를 들어, 위의 달력에서 두 번째 주와 세 번째 주를 선택해 보자.

일	월	화	수	목	금	토
		1	2	3	4	5	6
7	8	9	10	11	12	13
14	15	16	17	18	19	20
21	22	23	24	25	26	27
28	29	30	31			

첫 번째 숫자 7에 7을 곱해서 나온 수 49에 다시 2를 곱한다. 그러면 98이 된다. 그리고 마지막으로 91을 더한다. 그러면 98+91=189는 선택한 두 주의 숫자를 모두 더한 것이다.

즉, 7+8+⋯+19+20=189이다.

그 이유는 앞에 설명한 것과 마찬가지로 14개의 숫자가 첫 번째 숫자와의 차이가 각각 1, 2, 3, …, 13이므로 1+2+⋯+13=91이고, 한 주에 7개의 숫자가 있고 모두 두 주이기 때문에 다시 2를 곱하는 것이다.

따라서 연속된 세 주의 숫자의 합도 쉽게 구할 수 있다.

일	월	화	수	목	금	토
		1	2	3	4	5	6
7	8	9	10	11	12	13
14	15	16	17	18	19	20
21	22	23	24	25	26	27
28	29	30	31			

즉, 첫 번째 숫자에 7을 곱해서 나온 숫자에 다시 3을 곱하고 210을 더하면 된다. 여기서 210은 첫 번째 숫자와 각각 차의 합이다. 즉, 1+2+…+19+20=210이다. 실제로 7×3=21이고, 21+210=231이기 때문에 7+8+…+26+27=231이다.

이번에는 달력에서 정사각형을 이루는 숫자들의 합을 구해 보자.

일	월	화	수	목	금	토
				1	2	3	4
5	6	7	8	9	10	11
12	13	14	15	16	17	18
19	20	21	22	23	24	25
26	27	28	29	30	31	

네 개의 숫자를 가지는 정사각형의 경우에는 아주 간단하다. 대각선 숫자의 합의 두 배가 정답이다. 그러나 숫자가 9개인 정사각형은 간단하지 않다. 정사각형 모양의 숫자가 9개인 경우에는 거의 마방진과 같은 형태이고, 가운데 숫자를 사이에 두고 각각의 합은 가운데 숫자의 두 배이다. 즉, 가운데 숫자가 9개 있는 것과 같다는 것이다. 따라서 이 9개의 숫자의 합은 14×9=126이다.

마지막으로 16개의 숫자로 된 정사각형을 생각해 보자.

일	월	화	수	목	금	토
			1	2	3	4
5	6	7	8	9	10	11
12	13	14	15	16	17	18
19	20	21	22	23	24	25
26	27	28	29	30	31	

이 경우는 아주 간단하다. 정사각형의 대각선의 귀퉁이에 있는 두 수의 합을 구해서 8을 곱하면 된다. 즉, (6+30)×8=288이다.

달력 속에는 지금까지 소개한 것 이외에도 많은 수학이 숨어 있다. 어떤 것들이 더 있는지 여러분이 직접 찾아보는 것도 재미있을 것이다.

마술로 보여 주는 끈 놀이

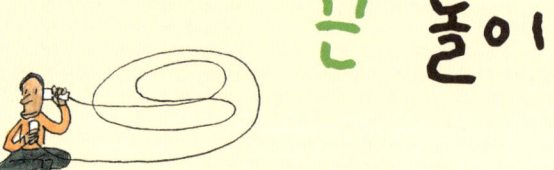

끈과 매듭은 수학의 한 분야인 위상 수학에서 매우 중요한 개념이다. 그래서 이번에는 이 끈과 관련한 마술을 보여 주려고 한다. 이 마술은 수학을 이용하는 마술사 라이언스가 소개한 것으로, 사실 마술이라기 보다는 게임에 더 가깝다.

길이가 60cm쯤 되는 끈을 준비해서 테이블에 그림과 같은 모양이 되도록 올려놓는다.

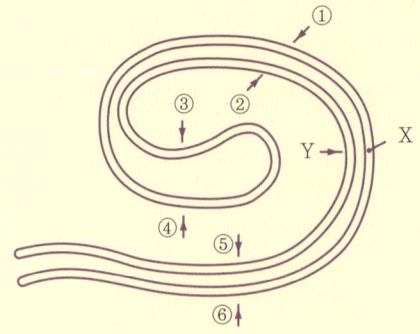

여기서는 명확하게 하기 위해서 끈의 가닥 위에 ①부터 ⑥까지 숫자를 적고, 가운데 부분을 X와 Y로 표시하였다. 끈을 그림과 같이 놓았으면, ④로 표시된 가닥을 밑으로 내리고 ⑤로 표시된 가닥을 위로 올린다. 그러면 아래 그림과 같이 끈의 가운데 부분에 ②, ③, ⑤, ④의 번호가 매겨진 가닥으로 숫자 '8' 모양이 만들어진다. 이 때 ④와 ⑤는 어느 것을 먼저 움직여도 좋다.

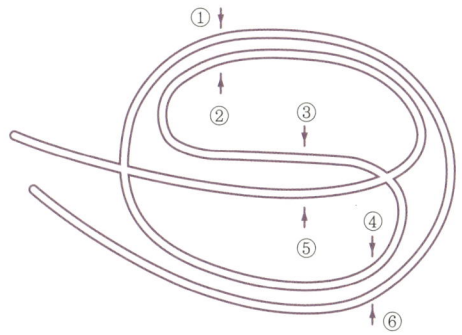

그리고 나서 친구에게 숫자 '8' 모양의 위아래에 있는 원 모양 가운데 하나를 선택하라고 한다. 두 개의 원 중에 하나를 고른 친구는 선택한 원의 가운데 부분(아무 것도 없는 부분)을 손가락으로 꾹 누르고 있어야 한다. 그리고 끈의 양끝을 천천히 잡아당긴다. 끈을 다 잡아당겼을 때 손가락이 끈에 걸리면 손가락을 짚고 있는 친구가 이기고, 끈이 손가락에 걸리지 않고 그냥 빠져 나오면 마술사가 이기는 게임이다.

앞에 주어진 그림에서는 친구가 '8' 모양의 윗부분의 원을 선택하면 끈이 손가락에 걸리지 않아 마술사가 이기고, 아래의 원을 선택하면 손가락이 끈에 걸리게 되어 상대방이 이기게 된다. 이 게임은 이기거나 질 확률이 늘 50대 50이어서 상당히 공평한 게임이다.

그러나 마술사에게는 비법이 있다.

마술사는 이 게임에서 늘 이기기 위해서는 첫 번째 그림에서 번호가 ③과 ④로 매겨진 가닥을 미리 한번 겹쳐서 다음 그림과 같이 되게 놓는다.

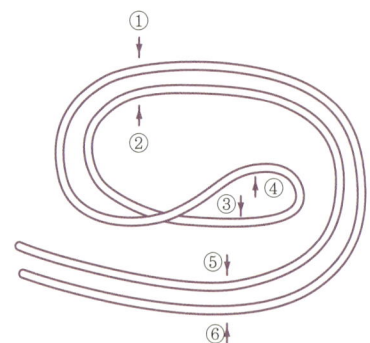

그런 후에 친구에게는 가닥 ①, ②, ⑤, ⑥을 마음대로 교차시켜도 좋다고 말한다. 단, 가닥 ③과 가닥 ④가 풀어지지 않게 해야 한다. 이 마술의 눈속임이 바로 여기에 있기 때문이다. 두 가닥을 한 번 겹쳐서 숫자 '8' 모양을 만들면, 위아래 두 개의 원은 사실 모두 열려 있는 원이 된다. 즉, 항상 끈 밖의 곡선이 되는 것이다.

예를 들어, 다음 그림과 같이 가닥 ③과 가닥 ⑤를 겹치게 해서 숫자 '8' 모양을 만들면 두 개의 원은 모두 열려 있는 원이 된다.

그러나 끈을 위와 같은 모양으로 만들 때 조심해야 할 점이 있다. 숫자 '8' 모양은 반드시 위와 아래에 원이 놓이게 만들어야 한다. 예를 들어, 위의 그림에서 가닥 ④와 가닥 ⑤의 왼쪽에 삼각형 모양이 있는데, 이를 잘 만들면 원 모양이 되고, 이 원 모양과 가닥 ③, ⑥을 이용해서 숫자 '8' 모양을 만들 수 있다.

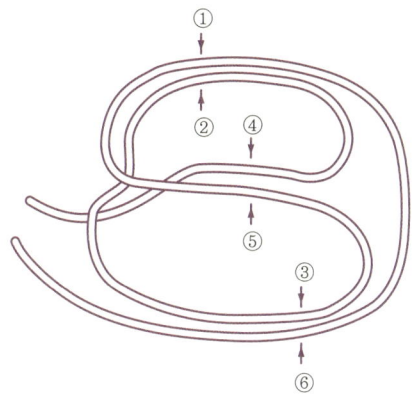

그러나 이렇게 만들어진 원을 가지고 마술을 하면 실패하게 된다. 숫자 '8' 모양을 만들 때는 반드시 그 위와 아래에 다른 원 모양이 덧붙어 있지 않아야 한다.

위와 같이 하면 상내가 둘 중에서 어떤 원을 선택하든 끈은 언제나 손가락을 빠져 나오게 되어 있다.

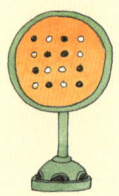

점자를 알아보자

수학에는 '이산수학'이라는 분야가 있다. 이산수학에서 '이산'이란 '연속'에 대비되는 말로써, 낱낱의 개체가 서로 떨어져 있다는 뜻이다. 이산 수학은 이산적인 대상, 이산적인 방법을 연구하는 수학이라고 할 수 있다. 이산수학은 컴퓨터 과학, 통계학, 대수학, 사회과학 등과 밀접한 연관이 있기 때문에 그 중요성이 날로 더해 가고 있다. 그런데 이산수학은 대부분 조합론을 바탕으로 이루어져 있다. 수학의 한 분야인 조합론은 주로 다음과 같은 문제를 연구한다.

문제1 어떤 모임을 우리가 원하는 형태로 배열할 수 있을까?
문제2 그런 배열이 있다면 몇 개나 있을까?
문제3 배열 중에서 어떤 배열이 가장 좋은 배열일까?
문제4 가장 좋은 배열은 어떤 모양을 하고 있을까?

한 마디로 조합론은 이산적인 구조에 대한 존재성, 개수, 분석, 최적화 문제를 다루는 수학의 한 분야이다.

위에서 설명한 것과 같이 조합론의 주된 관심 중 하나는 특정한 형태의 배열이다. 이 배열을 이용하는 대표적인 예로는 시각장애인들을 위한 문자인 점자를 들 수 있다. 이런 문자는 지하철 계단의 난간과 같은 곳에서 쉽게 찾아볼 수 있다.

시각장애인들을 위한 문자는 예로부터 여러 사람에 의해 발명되었지만, 모두 정상인의 입장에서 생각하고 만들어 낸 것이었기 때문에 시각장애인들이 읽고 쓰기에는 불편함이 많았다.

시각장애인들이 읽고 쓰기에 가장 쉬운 점자는 프랑스 사람인 브라유가 1829년에 만들었다. 세 살 때 송곳에 눈을 찔려 시력을 잃은 브라유가, 당시 프랑스 장교가 밤에 군사용 메시지를 전달하기 위해 손가락으로 읽을 수 있는 점으로 된 문자인 야간 문자를 만들었다는 데 착안해서, 점자를 고안하게 되었다고 한다.

오늘날 사용되는 점자는 모두 여섯 개의 점을 가로로 두 개 그리고 세로로 세 개로 배열하고, 왼쪽 위에서 아래로 1-2-3점, 오른쪽 위에서 아래로 4-5-6점의 고유 번호를 붙여 사용한다. 이런 여섯 개의 점을 이용한 배열이 손으로 읽기에 가장 적합하다고 한다.

여섯 개의 점은 각각 찍힌 상태와 찍히지 않은 상태로 구분된다. 여섯 개의 점을 이용하면 모두 $2^6=64$가지의 서로 다른 배열을 얻을 수 있고, 그 각각의 배열에 의미를 부여해서 만든 문자가 바로 '점자'이다. 그런데 64가지의 서로 다른 배열 중에서도 점을 하나도 찍지 않은 것은 단어 사이를 띄우는 데 쓰는 빈 칸으로 사용한다. 빈 칸을 제외한 63개의 점의 배열을 이용하면 비로소 글을 나타낼 수 있다.

다음 그림은 한글을 나타낸 점자이다. 한글은 첫소리와 가운뎃소리(홀소리),

초성														
	ㄱ	ㄴ	ㄷ	ㄹ	ㅁ	ㅂ	ㅅ	ㅈ	ㅊ	ㅋ	ㅌ	ㅍ	ㅎ	된소리
모음														
	ㅏ	ㅑ	ㅓ	ㅕ	ㅗ	ㅛ	ㅜ	ㅠ	ㅡ	ㅣ	ㅐ	ㅔ	ㅒ	ㅖ
	ㅘ	ㅝ	ㅚ	ㅟ	ㅐ	ㅙ	ㅞ							
종성														
	ㄱ	ㄴ	ㄷ	ㄹ	ㅁ	ㅂ	ㅅ	ㅇ	ㅈ	ㅊ	ㅋ	ㅌ	ㅍ	ㅎ	쌍받침

그리고 끝소리로 구분되기 때문에 점자에서도 이를 구분해서 표기한다.

위의 점자표를 자세히 살펴보면 초성 중에서 'ㅇ'에 해당하는 점자가 없다는 것을 알 수 있다. 따라서 초성이 'ㅇ'인 단어의 경우는 해당되는 모음을 첫 번째 점자로 사용하면 된다.

한글 점자에는 다음과 같은 약자도 있다.

약자														
	가	사	억	옹	울	옥	연	운	온	언	얼	열	인	영	을	은
	것	그러나	그러면	그래서	그런데	그러므로	그리고	그리하여

다음 그림은 숫자와 몇 가지 기호를 점자로 나타낸 것이다.

숫자											
	수표	1	2	3	4	5	6	7	8	9	0
부호												
	?	!	+	−	=	×	÷	"	"	(	)	,	.

각 나라마다 그 말에 맞는 점자가 있다. 다음 그림은 영어를 점자로 나타낸 것이다.

알파벳	●○ ○○ ○○	●○ ●○ ○○	●○ ●○ ○○	●● ○○ ○○	●● ○● ○○	●○ ○● ○○	●● ●○ ○○	●● ●● ○○	●○ ●● ○○	○● ●○ ○○	○● ●● ○○	●○ ○○ ●○	●● ○○ ●○
영어표		A	B	C	D	E	F	G	H	I	J	K	L	M
		●○ ●○ ●○	●○ ●○ ●○	●● ○○ ●○	●● ○● ●○	●○ ○● ●○	●● ●○ ●○	●● ●● ●○	●○ ●● ●○	○● ●○ ●○	○● ●● ●○	●○ ●○ ●●	●● ○● ●●
		N	O	P	Q	R	S	T	U	V	W	X	Y	Z

이제 여러 가지 문장 또는 수식을 점자로 바꾸어 보자. 다음에 주어진 점자는 무엇을 나타낼까?

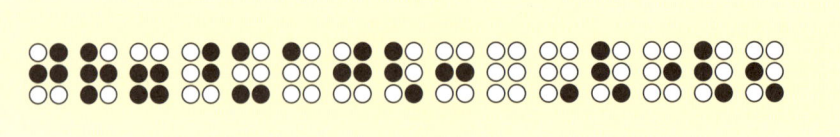

이는 '행복한 사람'을 나타내는 점자이다.

그러면 다음 문장을 점자를 이용해서 나타내 보자.

"수학을 읽는 아이"

 답은 195쪽에

또 친구들끼리 점자를 이용해서 편지를 주고받아 보기 바란다. 그러나 단지 재미삼아 하지 말고, 이번 기회에 장애가 있는 친구의 고통을 한 번씩 느껴 보면 좋을 것이다. 서로 이해하고 더불어 사는 것은 소중한 일이기 때문이다.

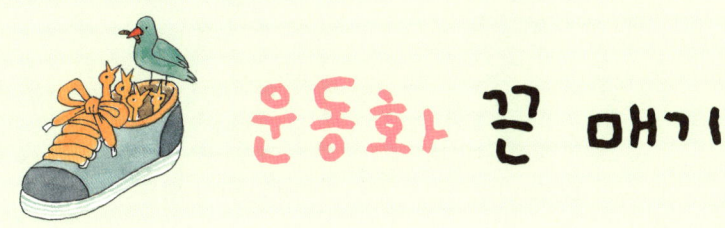

운동화 끈 매기

운동화 끈은 어떻게 매어야 가장 좋을까?

호주 모나시 대학의 수학 교수인 버카드 폴스터는 지난 2002년 말, 과학 전문 잡지인 『네이처』에 운동화 끈을 매는 다양한 방법을 수학적으로 증명한 결과, 나비 매듭이 가장 효율적이라고 주장했다.

'나비 매듭'이란 운동화 끈을 밑에서부터 수평으로 묶기 시작해서 수직과 대각선 매듭을 번갈아 사용하는 방법이다.

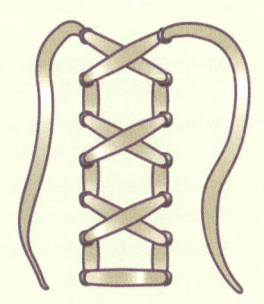

나비 매듭

운동화 끈을 매는 매듭에는 나비 매듭 이외에 다음과 같은 매듭이 있다.

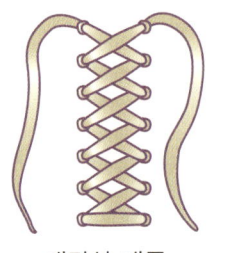 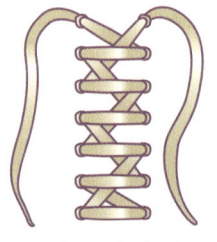 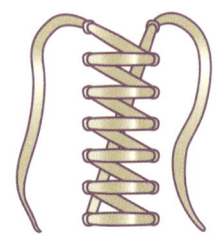

대각선 매듭　　　유럽 스타일 매듭　　　수평 매듭

위의 그림에서 첫 번째 매듭을 '대각선 매듭'이라고 한다. 이 매듭은 운동화 끈을 전부 엇갈려서 매는 방법으로, 일명 '북미 스타일'이라고도 한다.

가운데 매듭은 '유럽 스타일'이라고 하고, 오른쪽 그림과 같은 매듭은 '수평 매듭'이라고 하는데, 운동화 끈을 일직선으로 매는 방법이다.

폴스터 교수는 논문 『운동화 끈을 매는 최선의 방법은 무엇인가?』에서 운동화 끈을 매는 데 대각선 매듭(일명 북미 스타일)이나 수평 매듭을 사용하는 것이 일반적이지만, 이것이 가장 효율적인 방법은 아니라는 것을 보였다. 또한 나비 매듭을 이용하면 최소한의 길이로 최대의 매듭 효과를 거둘 수 있고, 운동화 끈이 겹치는 부분을 최소화함으로써 끈끼리의 마찰로 인한 해짐을 방지할 수 있다는 것도 증명했다. 아울러 수평과 수직, 대각선 매듭을 모두 이용해 모양새가 좋아지는 것도 나비매듭의 장점임을 설명했다.

폴스터 교수는 운동화 구멍 수, 구멍 사이의 거리, 끈의 길이, 끈이 겹쳐 마찰되는 경우의 수를 공식화해 다소 복잡한 수학적 계산으로 이 사실을 증명했다. 하지만 그는 다음과 같이 말했다.

"나비 매듭이 가장 효율적이긴 하지만 누구나 이 매듭을 사용할 것이라고 기대하지는 않는다. 나 역시 수평 매듭과 대각선 매듭을 자주 사용한다."

운동화 끈을 묶는 방법은 앞에서 소개한 것 말고도 각자의 취향에 따라 여러 가지 방법이 있을 수 있다.

다음 그림 중 왼쪽 매듭은 '캐나디안 스타일'이라고 부르는 방법이며, 오른쪽의 매듭은 그것이 변형된 모양이다.

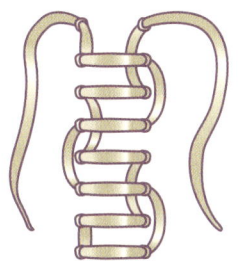
캐나디안 스타일 매듭

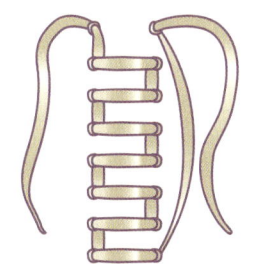
캐나디안 스타일 변형 매듭

그러면 이제까지 소개한 매듭의 종류 중에서 실제로 가장 짧은 끈을 필요로 하는 매듭은 어떤 것인지 알아보자.

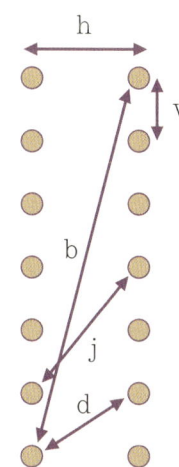

먼저 왼쪽 그림에서 표시된 것과 같이 구멍 사이의 수평 거리를 h라 하고, 수직 거리를 v라 하자. 또 대각선의 길이를 d, 한 칸 건너뛴 구멍 사이의 거리를 j, 밑에서 위까지 대각선의 길이를 b라고 하자.

실제로 우리가 일반적으로 신고 다니는 보통 운동화에 대한 각각의 길이는 h=6cm, v=2cm, d=6.3cm, j=7.2cm, b=13.4cm쯤 된다. 이 값을 가지고 위에서 주어진 여섯 가지 매듭에 필요한 끈의 길이를 구해 보면 나비 매듭이 55.8cm로 가장 짧고, 수평 매듭이 87.2cm로 가장 길다는 것을 알 수 있다.

이러한 결과는 여러분 각자의 운동화에 맞추어 계산해 보아도 마찬가지임을 알 수 있다. 따라서 만약 여러분이 길이가 긴 운동화 끈을 가지고 있다면 수평 매듭을 사용하고, 짧은 끈을 가지고 있다면 나비 매듭으로 묶는 것이 가장 좋을 것이다.

요즈음, 운동화 중에서 이 나비 매듭 이론을 적용하여 생산되는 것이 부쩍 늘었다. 그러나 정확하게 나비 매듭은 아니고, 아래 그림과 같이 나비 매듭의 형태를 유지하는 것이다.

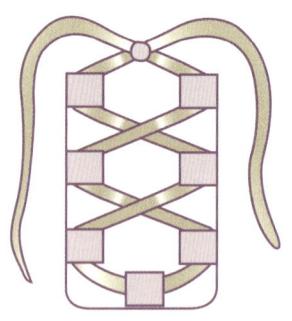

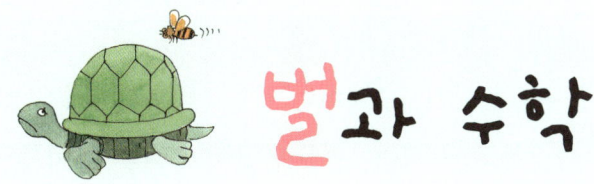

벌과 수학

    자연 속에서 수학을 찾아 내는 것은 어려운 일이 아니다. 자연 속의 수학으로 가장 잘 알려진 것은 아마도 벌일 것이다.

    세계 여러 나라에서 벌을 키워 꿀을 얻고 있다. 전세계적으로 1년에 약 5억 개의 벌통에서 90억kg의 꿀이 생산된다고 한다. 꿀을 따기 위해서 만들어진 벌통 하나에는 보통 2만에서 3만 마리의 벌이 살고 있으며, 벌은 여왕벌과 수펄 그리고 암펄인 일벌로 나뉜다. 일벌은, 벌집을 청소하고 애벌레를 돌보며 꽃가루와 과즙을 채취할 뿐 아니라 과즙을 꿀로 바꾸기도 한다. 벌 중에서 가장 바쁜 벌인 셈이다.

    벌집은 자연에서 가장 아름다운 구조를 하고 있는데, 모든 방이 틈새가 전혀 없도록 완벽하게 끼워 맞춰져 있다. 벌집의 방 하나하나는 모두 정육각형 기둥 모양으로 만들어져 있다. 그런데 왜 하필이면 반드시 정육각형인 것일까? 생물학적으로나 생태학적으로는 이 질문에 명쾌한 답을 할 수 없다. 오직 수학만이 그 질문에 답을 할 수 있다.

우선 길이가 12cm인 끈을 가지고 아래 그림과 같이 직사각형, 정삼각형, 정사각형, 정육각형, 원을 만들어 각각의 넓이를 구해서 비교하여 보자.

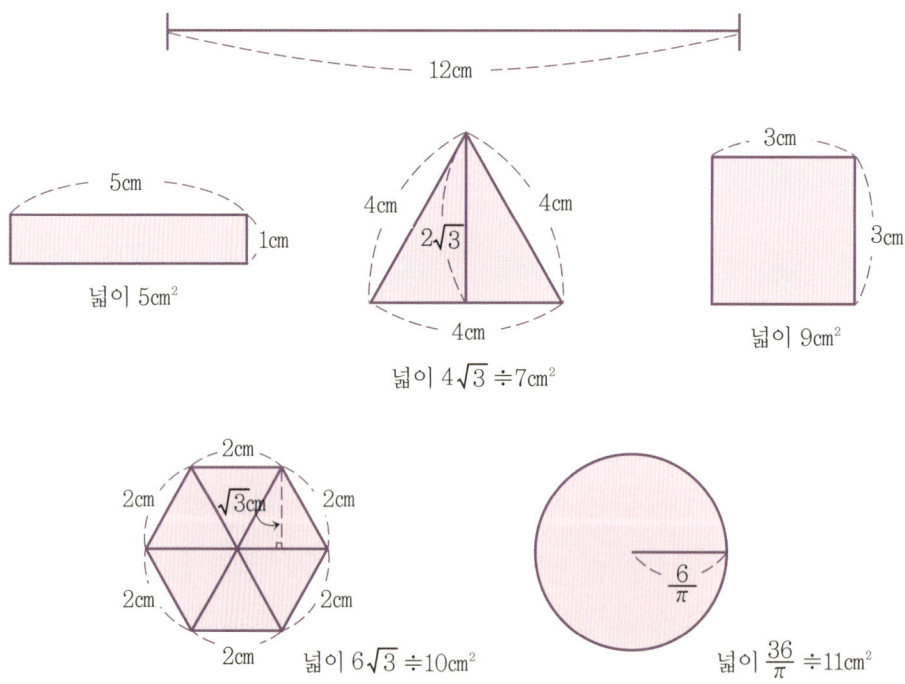

간단한 계산으로도 원이 가장 넓고, 그 다음으로 넓은 것은 정육각형인 것을 알 수 있다. 따라서 꿀벌이 한 마리씩 독립 생활을 한다면 넓이가 가장 넓은 원기둥 모양의 벌집을 짓고 살았을 것이다. 그러나, 벌들은 집단 생활을 하기 때문에 원기둥 모양으로 여러 개의 집을 지으면 빈 공간이 생기게 되고, 구조적으로도 약하기 때문에, 빈틈이 생기지 않을 뿐더러 구조적으로도 가장 튼튼한 정육각형 기둥 모양의 집을 만드는 것이다. 더욱이 벌집은 꿀을 저장하는 장소일 뿐만 아니라 애벌레가 자라나야 하는 공간인데, 애벌레는 위에서 언뜻 보면 거의 원형으로 보인다. 그리고 평면을 덮는 도형 중에서 육각형이 가장 '둥근' 모양이므로 정육각형으로 이루어진 방이 애벌레에게는 최상의 장소인 셈이다.

  이와 같은 벌집만이 벌과 관련된 수학의 전부는 아니다. 일벌이 꿀을 찾을 때에도 수학을 이용한다. 일벌들은 꿀과 꽃가루를 찾아 벌통에서부터 약 6km 떨어진 곳까지 여행하며, 꿀이나 꽃가루를 발견한 일벌들은 벌통으로 돌아와 동료들에게 알리기 위한 춤을 춘다.

  다음 그림은 벌들이 벌통에서부터 자신이 발견한 꿀을 딸 수 있는 곳까지의 거리를 나타내는 춤이다.

1) 원형으로 빙빙 도는 춤은 '꿀과 꽃가루가 벌통에서 10m 이내에 있다.' 는 뜻이다.

2) 꿀과 꽃가루가 10m 이상 100m 이내에 있을 때에는 다음과 같이 춤을 춘다.

3) 꿀과 꽃가루가 100m 이상의 거리에 있을 때는 다음처럼 춤을 춘다. 이 때에는 꼬리를 아래위로 흔들며 춤을 춘다고 한다. 그리고 거리가 가까우면 가까울수록 여러 번 거듭해서 왔다 갔다 한다.

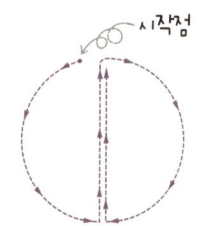

예를 들어, 위의 그림에서 반원의 지름을 '직진'이라고 할 때, 일곱 번을 직진하면 꿀까지의 거리가 500m, 다섯 번이면 1000m, 두 번이면 3000m, 한 번이면 6000m 정도라고 한다.

그럼 일벌이 세 번 직진했다면, 꿀을 따는 곳은 벌통에서부터 얼마나 떨어져 있을까?

답은 약 2000m이다.

그런데 벌이 꿀의 위치를 동료들에게 알려 주려면, 거리뿐만 아니라 방향도 알려 주어야 할 것이다. 실제로 벌들은 벌집과 태양의 위치를 이용해서 다른 벌들에게 꿀의 위치를 알려 준다고 한다.

다음의 첫 번째 그림은 꿀이 태양 쪽에 있다는 것을 알려 주고, 두 번째 그림은 태양이 있는 방향에서 시계 반대 방향으로 90도 방향에 꿀이 있다고 알려 주는 것이다.

그리고 오른쪽 그림은 시계 방향으로 90도 되는 쪽에 꿀이 있다는 것을 알려 준다.

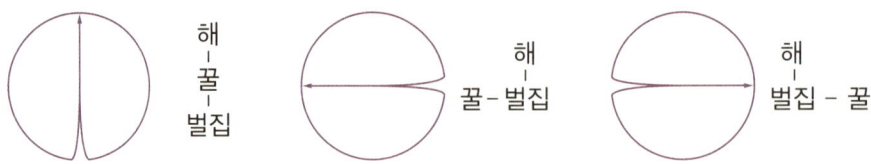

그렇다면 다음과 같은 모양으로 춤을 추면 어떤 방향에 꿀이 있는 것일까?

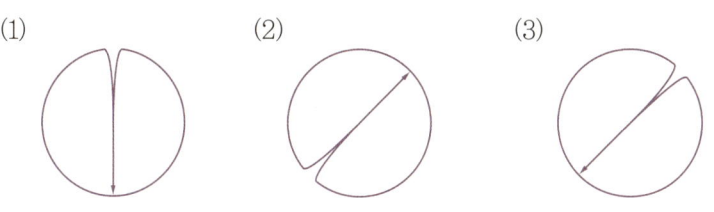

위에서 설명한 사실 이외에도 벌은 우리에게 많은 수학적 사실을 알려 주고 있다.

벌은 종족을 번식하기 위해서 '섭생'이라는 특이한 방법을 이용한다. 섭생은 여왕벌이 거느리고 있는 벌 사회의 개체 수와 규모에 따라서 선택적으로 암수를 구별하여 알을 낳는 것을 말한다. 실제로 여왕벌은 수펄에게 받은 정자를 몇 달, 심지어는 몇 년 동안 몸 속에 간직할 수 있다. 여왕벌이 낳는 수많은 알 중에서 수정된 알에서 암펄이 태어나고, 수정이 되지 않은 것은 수펄로 태어난다. 따라서 암펄은 아버지가 있는 벌이고, 수펄은 아버지가 없는 벌인 셈이다. 다음은 벌의 번식을 나타낸 그림이다.

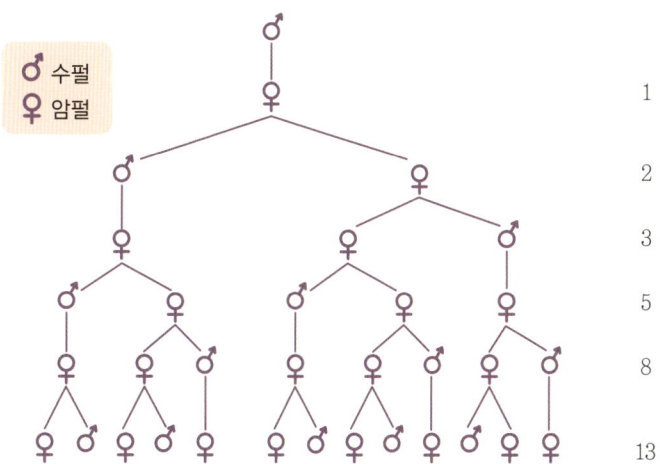

그림의 맨 위에서부터 6대가 되는 벌은 몇 마리일까?

위 그림의 개체 수를 잘 살펴보면, 위에 두 대를 더하면 그 다음 대가 된다는 것을 알 수 있다. 즉, 5대는 4대와 3대의 수를 합한 것과 같고, 6대는 5대와 4대의 수를 합한 것과 같게 되는 규칙이 있다. 이 규칙은 모든 경우에 만족하는데, 이렇게 해서 만들어진 수들을 늘어놓으면 1, 1, 2, 3, 5, 8, 13, 21, 34, 55, … 이다.

이와 같은 수들의 나열을 '피보나치수열'이라고 한다. 피보나치수열은 원래 옛 수학책에 기록되어 있는 토끼의 번식 문제에서 출발했지만, 벌의 번식에 더 잘 들어맞는다. 또한 암세포의 개체 수도 역시 이 피보나치수열에 따라 늘어난다는 사실이 1960년대 초에 이미 밝혀졌다.

마지막으로 벌집을 가지고 재미있는 게임을 해 보자. 다음 그림과 같이 두 줄로 연속되어 있는 벌집을 생각하자. 그림에서처럼 첫 번째 방을 출발한 벌이 벌집을 기어서 마지막 방으로 옮겨 가는 방법은 몇 가지일까? 단, 되돌아가면 안 된다.

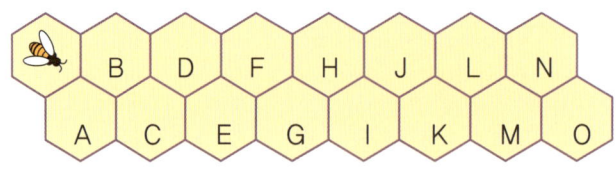

벌이 있는 방을 제외한 방의 개수를 n이라 하고, 이 때 옮겨 갈 수 있는 총 가짓수를 b_n이라 하자. 먼저 n=1이면, 다음 그림에서처럼 벌이 움직일 수 있는 가짓수는 한 가지이다. 또한 방의 개수가 두 개이면 아래 그림에서와 같이 두 가지 방법이 있다.

 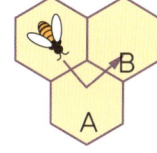 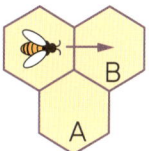

　　방이 한 개일 때　　　　　　　방이 두 개일 때

마찬가지로 방의 개수가 각각 세 개와 네 개일 때, 벌이 방을 기어다니는 각각의 가짓수는 세 가지와 다섯 가지이다.

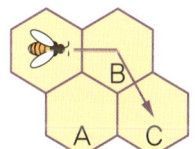 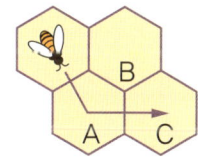 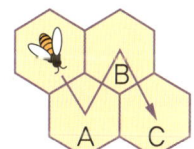

방이 세 개일 때

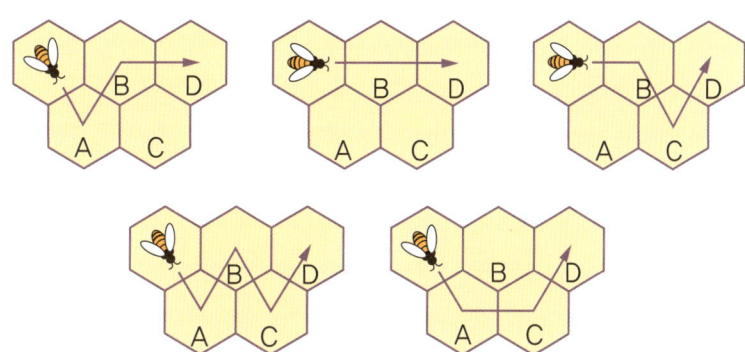

방이 네 개일 때

벌과 수학　149

이제 방이 다섯 개 있다고 할 때, 벌이 옮겨 다닐 수 있는 가짓수가 몇이나 되는지 짐작할 수 있을 것이다. 바로 여덟 가지이다. 그럼 과연 그 여덟 가지 방법은 어떤 것들일까?

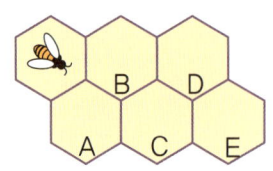

방이 다섯 개일 때

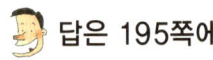

답은 195쪽에

여러분이 직접 벌집 모양을 그려서 여덟 가지 방법을 모두 구해 보기 바란다. 이렇게 길을 찾는 이 게임의 답도 피보나치수열이 된다.

위에서 소개한 것 이외에도 피보나치수열은 자연에서 아주 흔하게 나타난다. 다만 우리가 수학적인 눈으로 바라보지 않기 때문에 보이지 않을 뿐이다.

이 책을 읽는 여러분들은 이제 수학적인 눈을 뜨기 시작하는 단계이므로 머지않아 삶의 곳곳에 펼쳐져 있는 수학을 보게 될 것이다.

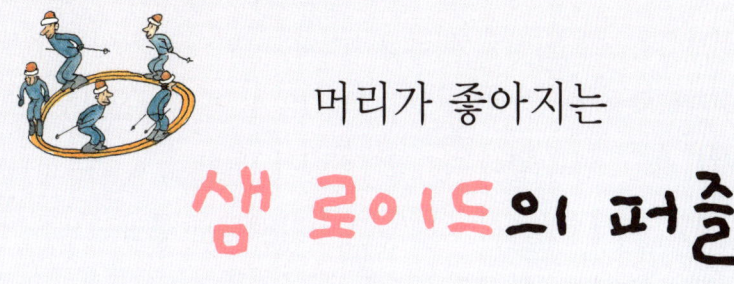

머리가 좋아지는
샘 로이드의 퍼즐

샘 로이드는 재미있는 퍼즐을 많이 만든 유명한 사람이다. 그는 퍼즐을 푼 사람에게는 상금을 지급했다고 한다. 우리도 샘 로이드가 만들었던 퍼즐을 풀어 보자.

다음은 샘 로이드가 '피타고라스의 퍼즐'이라고 이름 붙인 문제이다. 주어진

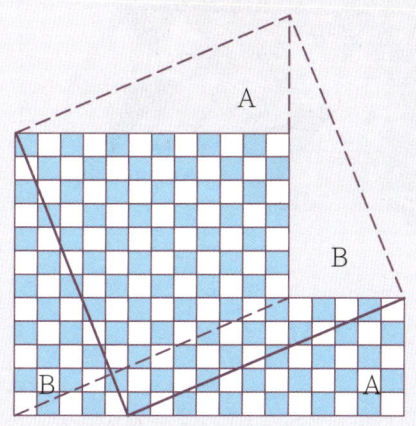
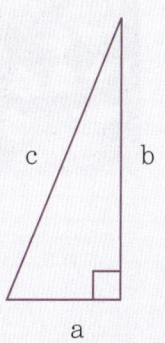

체크 무늬판은 모두 169개의 조각으로 이루어져 있다. 이 판을 세 조각으로 잘라 냈다가 다시 붙여서 가로와 세로의 개수가 각각 13개인 정사각형으로 만들어 보아라. 이 문제에 '피타고라스의 퍼즐'이라는 이름이 붙은 까닭은 체크 무늬판을 자를 때 각 변의 길이가 5, 12, 13인 직각삼각형으로 오려야 하기 때문이다. 즉, 그림과 같이 직각삼각형에서 세 변 a, b, c는 $a^2+b^2=c^2$을 만족하는데, 이것을 '피타고라스의 정리'라고 하기 때문에 붙여진 이름이다.

다음 그림은 '대 혼전'이라는 이름의 퍼즐이다. 그림의 왼쪽에 여덟 조각의 체크 무늬판을 볼 수 있을 것이다. 이 모양의 조각들을 서로 붙여서 가로와 세로의 개수가 각각 8인 정사각형의 체스보드를 만들어 보아라.

이번에는 같은 모양으로 잘라 내는 퍼즐이다.

다음 그림과 같이 정사각형의 땅에 네 그루의 나무가 서 있다. 이 정사각형의 땅을 같은 크기의 네 조각으로 자르는데, 각 조각마다 반드시 한 그루의 나무가 포함되도록 잘라 보아라.

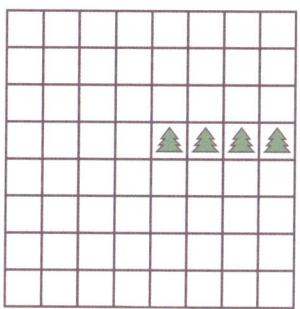

다음은 치즈 자르기 퍼즐이다. 둥근 기둥 모양의 치즈 덩어리를 다음 그림과 같이 여섯 번 자르면 몇 조각이 만들어질까?

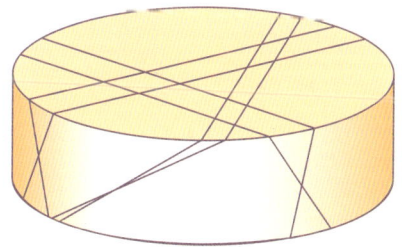

마지막 퍼즐은 벽돌의 무게에 관한 것이다. 그림과 같이 왼쪽의 벽돌 한 장과 오른쪽 벽돌 $\frac{3}{4}$장과 $\frac{3}{4}$kg이 균형을 이루었다면 벽돌의 무게는 얼마일까?

샘 로이드는 기하학에서 많이 알려진 패러독스를 이용해서 퍼즐을 만들기도 했다. 먼저 아래의 왼쪽 그림에서 사람이 일곱 명인 것을 확인하고, 표시된 선대로 세 조각으로 자르자. 그리고 위의 두 장을 서로 바꾸어 놓으면 오른쪽 그림처럼 된다. 다시 오른쪽 그림에서 사람을 잘 세어 보면 여덟 명이 된다. 그림을 잘 살펴보면 종이와 종이가 맞닿는 부분의 사람들이 어딘가 조금씩 모자란다는 것을 알 수 있지만 대충 보아서는 알 수 없을 것이다.

이 패러독스를 가장 쉽게 설명하는 방법은 다음과 같다. 아래 그림처럼 종이에 열 개의 선분을 긋고, 양쪽 끝에 있는 선분들이 잘려 나가지 않도록 대각선으로 자른다.

다 잘랐으면 변을 따라 종이를 아래 그림과 같이 미끄러뜨린다.

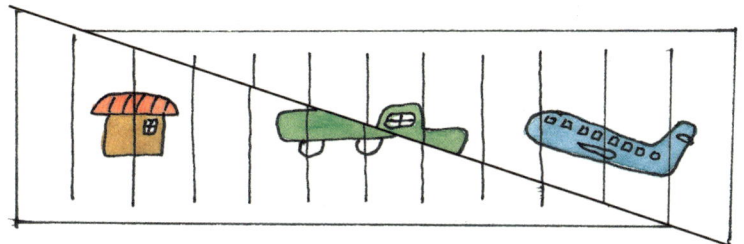

이제 선분의 개수를 세어 보면 처음보다 한 개가 늘어난 열한 개인 것을 알 수 있다. 그러나 선분이 늘어난 것은 아니다. 잘 보면 아래 그림의 선분의 길이는 위 그림의 선분의 길이보다 각각 $\frac{1}{9}$ 만큼씩 줄어든 것을 알 수 있을 것이다. 처음에 열 개의 선분으로 되어 있는 집합을 대각선을 따라 둘로 나누면, 각각 열 개의 선을 포함한 두 개의 집합이 생긴다. 자르기 전의 집합과 자른 후의 집합은 별개의 집합이어서 선분의 개수가 서로 달라지는 것이다.

이와 같은 원리를 이용해서 샘 로이드는 1880년 무렵, 원을 사용해 중국 병정이 한 명 사라지는 그림을 소개했다. 아래 그림에서 원판을 잘라 시계 반대 방향으로 돌려 보면 열두 명이었던 병정이 열한 명이 된다.

회전하기 전

회전한 후

이와 똑같은 그림이 이 책의 부록에 주어져 있으므로 직접 잘라서 왼쪽 그림 위에 맞추고 시계 반대 방향으로 회전시켜 보기 바란다.

이제 앞에서 냈던 퍼즐의 답을 알아보자. 먼저 '피타고라스의 퍼즐'은 다음 그림과 같이 자르면 된다.

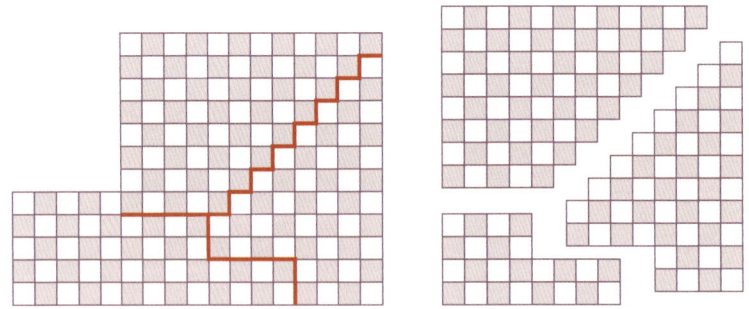

두 번째 퍼즐인 '대 혼전'의 답은 그림의 여덟 조각의 체크 무늬 판을 다음과 같이 붙이면 된다.

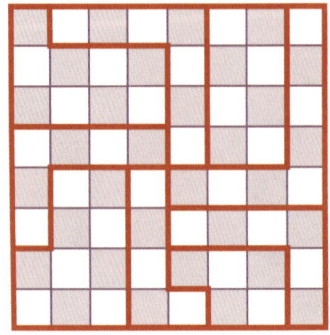

정사각형의 땅을 네 조각으로 나누는 퍼즐의 답은 다음 그림과 같다.

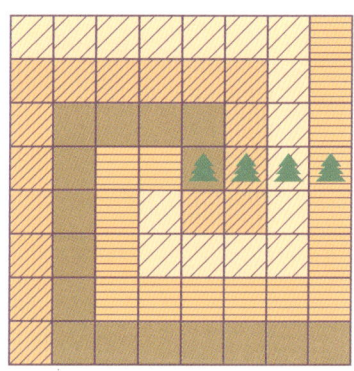

치즈 자르기에서는 첫 번째 잘랐을 때 2조각, 두 번째 잘랐을 때 4조각, 세 번째는 8조각, 네 번째는 15소각, 다섯 번째는 26조각이 되고, 마지막으로 여섯 번째는 모두 42조각이 된다. 의심나는 사람은 직접 잘라 보기 바란다.

마지막으로 벽돌의 무게를 맞히기 위해서 왼쪽에 세 개의 벽돌을 더 얹고, 오른쪽에는 같은 무게인 $\frac{3}{4}$벽돌 3개와 $\frac{3}{4}$kg짜리 추 3개를 더 얹는다. 그러면 오른쪽은 4개의 벽돌이 되고, 왼쪽은 3개의 벽돌과 3kg이 된다.

즉, 벽돌의 무게를 B라고 하면 4B=3B+3이다. 따라서 벽돌의 무게는 3kg 이다. 물론 B=$\frac{3}{4}$B+$\frac{3}{4}$과 같이 풀어도 된다.

마술로 보여 주는 손수건 묶기

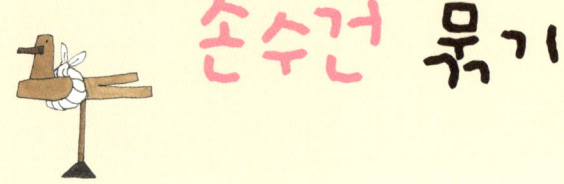

　이제 마지막 마술이다. 앞에서 잠시 언급한 '위상 수학'은 수학의 한 분야로 일반인들에게는 비밀스럽고 신비스러운 내용을 많이 지닌 것으로 알려져 있다. 간단히 말하면, 위상수학은 도형을 뒤틀거나 꼬고, 늘이거나 압축하더라도 그에 상관 없이 변하지 않고 남아 있는 도형의 성질은 무엇인가를 연구하는 수학이다. 물론 도형을 깨뜨리거나 새로운 도형을 합하는 것은 허용하지 않는다.

　앞에서도 설명했지만, 구멍 뚫린 손잡이가 달린 컵과 가운데에 구멍이 있는 도넛은 위상적으로 같은 성질을 갖는다. 만약 컵이 손으로 주물러서 마음대로 모양을 변형할 수 있는 찰흙과 같은 재료로 만들어졌다면, 구멍 뚫린 손잡이의 구멍을 메우지 않고 잘 주물러서 도넛 모양으로 만들 수 있기 때문이다.

　수학적인 성질을 마술에 많이 이용했던 수학 마술사 에드윈 테이버는 두 물체를 서로 관통시키는 재미있는 마술을 많이 고안해 냈다. 그 중 하나가 손수건

을 이용해서 멋진 환상을 창조하는 것으로, 관객뿐만 아니라 많은 마술사들도 매력을 느끼는 마술이다. 이 마술은 두 장의 다른 손수건을 서로 감고 꼬지만, 결국 떨어지게 되기 때문에 위상수학적인 마술이라고 알려져 있다.

이제 이 마술을 배워 보자. 두 장의 손수건을 준비한 다음, 아래의 순서대로 따라해 보기 바란다.

1) 대각선을 이루는 손수건 두 장 모두의 양 끝을 잡아 돌려서 그림과 같이 만다.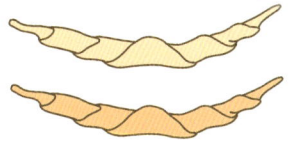

2) 말아서 만든 두 장의 손수건을 하나는 '동서 방향 손수건', 다른 하나는 '남북 방향 손수건'이라고 하자. 그림에서는 손수건의 각 끝에 동서남북을 표시했다. 두 장의 손수건을 그림처럼 겹쳐 놓는다. 이 때, 남북 방향 손수건을 반드시 동서 방향 위에 놓아야 한다.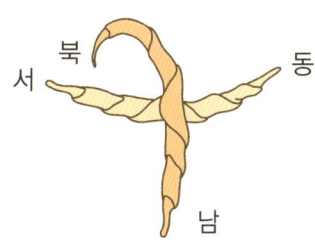

3) 남북 방향 손수건의 북쪽 끝을 그림과 같이 동서 방향 손수건에 감는다. 이 때에도 반드시 남북 방향 손수건의 북쪽 끝이 왼쪽으로 감기도록 해야 한다.

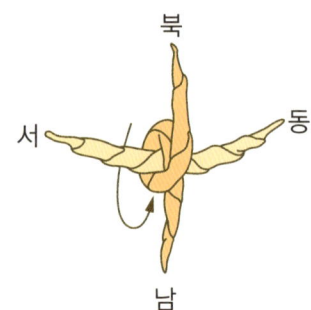

4) 이번에는 가로로 놓여 있는 동서 방향 손수건의 서쪽 끝을 그림과 같이 남북 방향 손수건에 감는다. 이 때에도 동서 방향 손수건의 서쪽 끝을 반드시 남북 방향 손수건의 북쪽 뒤로 돌려서 그림과 같이 동쪽의 위로 올라오게 감아야 한다. 이 그림에서 보듯이 두 장의 손수건이 서로 꼬인 채 감겨 있다.

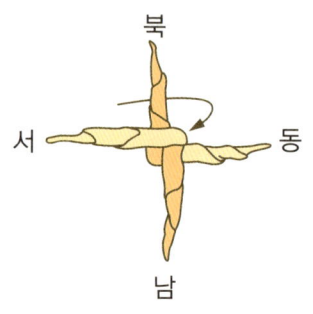

5) 동서 방향 손수건의 서쪽 끝은 밑으로 내리고, 남북 방향 손수건의 남쪽 끝은 위로 올려서 그림과 같은 모양을 만든다. 그리고 한 손은 남북 방향 손수건의 두 끝을 잡고, 다른 한 손은 동서 방향 손수건의 두 끝을 잡는다. 그리고 우주의 기를 모으는 흉내를 내며 가볍게 기합을 넣는다. 얏!

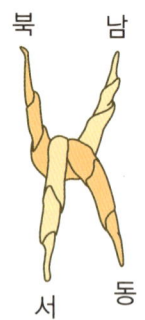

6) 마지막으로 손수건을 잡은 두 손을 서서히 위아래로 당기면 신기하게도 감겨 있던 두 장의 손수건이 스르르 풀리며 떨어지게 된다.

지문과 수학

　추리 소설이나 텔레비전의 수사물에서 지문은 범인을 잡는 데 결정적인 증거가 된다. 그러나 지문의 분류와 식별에도 수학이 이용된다는 사실을 아는 사람은 그리 많지 않을 것이다. 오늘날에는 지문을 이용한 열쇠, 컴퓨터를 이용한 지문 인식 시스템 등 각종 방범 체계도 속속 개발되고 있다. 사람마다 모두 다르고, 평생 변하지도 않는 지문을 이용하면 어떤 사람을 다른 사람과 가려 낼 수 있기 때문에 앞으로 이런 기술들은 더욱 발달할 것이다.

　여기에서 소개하는 지문의 분류는 미국의 연방 경찰인 FBI에서 이용하는 방법으로, '헨리 시스템'이라는 것이다. 이 시스템에서는 지문을 크게 세 가지로 구분하고 있다. 즉, 지문을 그 모양에 따라 반원형 지문과 고리형 지문, 그리고 지문의 모양이 원이나 타원 모양인 소용돌이형 지문으로 분류하는 것이다.

　반원형 지문은 지문의 선이 한쪽에서 들어와서 다른 쪽으로 나가는 평탄한 반원형 지문(A)과 선이 대칭적이고, 가운데 부분이 마치 천막을 친 것과 같은 모양을 한 천막 모양의 반원형 지문(T)으로 나누어진다.

평탄한 반원형 지문(A)　　　천막 모양의 반원형 지문(T)

고리형 지문은 지문의 선이 왼쪽에서 시작해서 왼쪽으로 나가는 왼쪽 고리형 지문(U)과 선이 오른쪽에서 시작해서 오른쪽으로 나가는 오른쪽 고리형 지문(R)이 있다.

왼쪽 고리형 지문(U)　　　오른쪽 고리형 지문(R)

소용돌이형 지문(W)을 좀더 구체적으로 분류하면 네 가지가 있다. 먼저 아래의 왼쪽 그림과 같이 평평한 소용돌이형 지문이 있고, 중심 주머니 고리형 지문과 이중고리형, 그리고 찌그러진 소용돌이형으로 나누어진다. 이러한 네 종류의 지문은 모두 소용돌이형 지문으로 분류되는 것이다.

소용돌이형 지문(W)

지문 형태의 분포는 반원형 지문이 전체의 5%, 고리형 지문이 전체의 65%, 소용돌이형 지문이 전체의 30% 정도라고 한다. 아울러 지문의 선은 종결형, 두 갈래형, 세 갈래형, 점형, 담장형, 다리형, 그리고 갈고리형으로 각각 분류한다.

종결형 지문선

두 갈래형 지문선

세 갈래형 지문선

점형 지문선

담장형 지문선

다리형 지문선

갈고리형 지문선

사람들을 구별하기 위해서 이용되는 지문의 형태와 그 선의 특징을 모두 소개하려면 매우 복잡하기 때문에, 여기에서는 지문의 형태를 이용한 분류만을 소개한다.

지문 자료를 정리하는 기본적인 분류 방법에는 크게 두 가지가 있다. 먼저 지문의 분류를 위해 지문의 종류를 다음과 같이 숫자로 바꾼다.

소용돌이형 지문=1, 반원형 지문=0, 고리형 지문=0

이렇게 할당된 숫자들을 다음과 같은 식에 대입해서 값을 구한다.

M = {(오른손 집게손가락)×16} + {(오른손 넷째 손가락)×8} +
{(왼손 엄지손가락)×4} + {(왼손 가운뎃손가락)×2} +
{(왼손 새끼손가락)×1} +1

N = {(오른손 엄지손가락)×16} + {(오른손 가운뎃손가락)×8} +
{(오른손 새끼손가락)×4} + {(왼손 집게손가락)×2} +
{(왼손 넷째 손가락)×1} +1

이 때, $\frac{M}{N}$을 지문의 첫 번째 분류값이라고 한다.

예를 들어, 정민이의 오른손 엄지손가락과 오른손 새끼손가락 그리고 왼손 엄지손가락의 지문이 소용돌이형이라고 하면 나머지 손가락의 지문은 반원형이거나 고리형이기 때문에 다음과 같이 계산할 수 있다.

M = {(0)×16} + {(0)×8} + {(1)×4} + {(0)×2} + {(0)×1} +1=5

N = {(1)×16} + {(0)×8} + {(1)×4} + {(0)×2} + {(0)×1} +1=21

따라서 정민이의 첫 번째 지문 분류값은 $\frac{5}{21}$이다.

두 번째 단계의 분류 방법은 $\frac{오른손\ 집게손가락}{왼손\ 집게손가락}$ 으로 기호를 적어 넣는 것이다. 예를 들어, 정민이의 오른손 집게손가락이 천막 모양의 반원형 지문(T)이고, 왼손 집게손가락이 평탄한 반원형 지문(A)이라면, 첫 번째 분류와 두 번째 분류로부터 정민이의 지문 분류 값은 $\frac{5T}{21A}$이다.

여러분의 지문은 어느 값에 해당되는지 직접 확인해 보기 바란다.

지문 분류값과 지문선의 특징을 이용하여 분류한 자료를 동시에 사용하면 특정한 지문이 누구의 것인가를 찾는 것은 훨씬 간단해신다. 그래서 범죄를 저지른 사람이 지문을 남기면 쉽게 잡을 수 있는 것이다.

피타고라스의 정리 실험하기

    피타고라스는 기원전 572년경에 에게 해의 사모스 섬에서 태어난 것으로 알려져 있다. 그는 수학을 맨 처음 논리적으로 다루었다는 탈레스보다 50세쯤 어렸기에, 탈레스의 제자였다고 짐작된다. 피타고라스는 그리스의 항구 도시 크로톤에 학교를 세우고 철학, 수학, 자연과학 등을 가르쳤다. 독특하게도 그 곳에서의 수업은 모두 말로만 진행되었으며, 어떠한 기록도 허락되지 않았다. 심지어 문제를 풀 때에도 연습장을 사용할 수 없었고 오로지 머릿속으로 생각해서 답을 구해야 했다. 그 학교에서 공부하고 연구한 사람들을 '피타고라스 학파'라고 하는데, 그들이 발견한 모든 내용은 단지 피타고라스 한 사람의 이름으로만 발표가 되었다. 그 이유는 피타고라스 학파가 한편으로는 종교 집단이기도 했기 때문이다. 나중에 피타고라스 학파에 소속되지 못했던 사람들의 모함에 의하여 학교가 해산되었지만, 그 후에도 이 학파는 약 200년 동안 지속되었다.

▶ 피타고라스의 정리

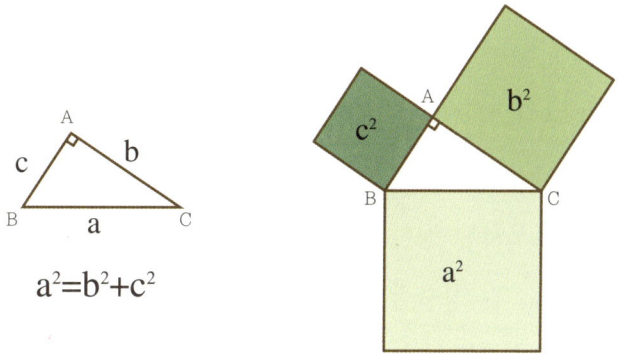

$a^2 = b^2 + c^2$

피타고라스의 가장 큰 업적은 '피타고라스의 정리'이다. 피타고라스는 이 정리의 발견을 몹시 자랑스럽게 여겨 이것이 신의 축복 속에서 태어났다고 생각했다. 그래서 신에게 소 100마리를 바쳤다. 루미스는 『피타고라스의 정리』라는 책에서 피타고라스의 정리에 대한 증명을 약 400가지나 소개했다. 그런데도 이 정리를 증명하는 방법은 오늘날까지도 계속 발견되고 있다.

이제 중학교 3학년쯤에 배우게 될 피타고라스의 정리를 실험을 통해서 알아보자. 먼저 그림과 같이 임의의 직각삼각형을 하나 그리고, 각 변을 한 변으로 갖는 정사각형을 그려 넣는다.

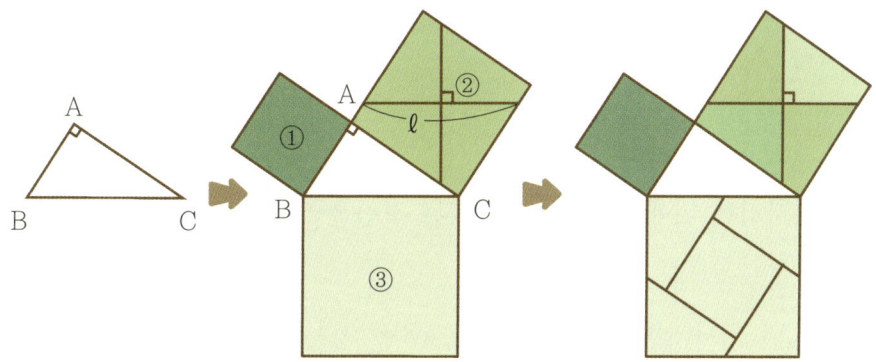

피타고라스의 정리 실험하기 167

앞 그림의 ②번 정사각형에 직각삼각형의 한 변 BC와 평행한 직선을 정사각형의 중심을 지나게 그려 넣는다. 이 직선을 ℓ이라 하고, 다시 직선 ℓ에 수직인 직선을 ②번 정사각형에 그려 넣는다. 이 직선도 ℓ과 마찬가지로 중심을 지나게 그려 넣으면 된다.

두 직선이 수직으로 교차된 정사각형에서 직선을 따라 가위로 잘라 내고, ①번 정사각형도 잘라 낸다. ①번 정사각형을 가장 큰 정사각형인 ③번의 중앙에 놓고, 잘라 낸 ②번 정사각형의 조각들을 빈 공간에 맞추어 넣는다. 그러면 그림에서와 같이 ③번 정사각형에 포개어진다. 즉, 작은 두 개의 정사각형의 넓이의 합은 큰 정사각형의 넓이와 같다는 뜻이다. 따라서 피타고라스의 정리인 $a^2=b^2+c^2$가 성립하는 것을 알 수 있다.

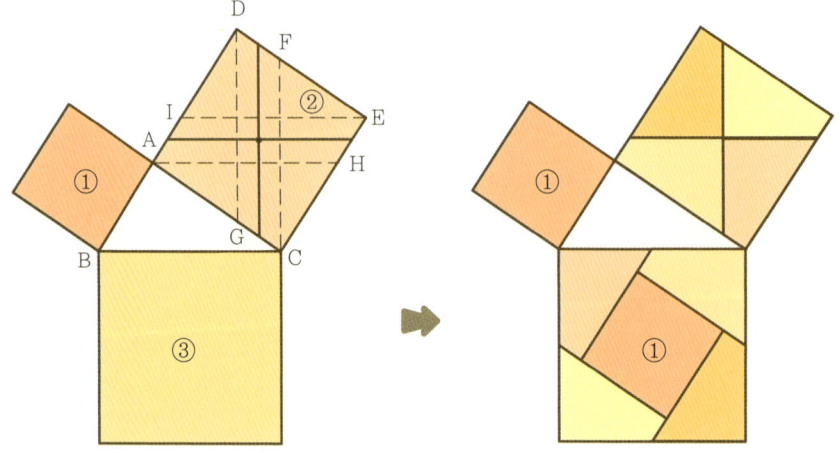

②번 정사각형 위에 두 개의 수직하는 직선을 그리는 방법을 좀더 자세히 알아보자.

먼저 ③번 정사각형의 오른쪽 변을 ②번 정사각형의 변 DE까지 연장하여 만나는 점을 F라 하자. ②번 정사각형의 꼭지점 D에서 FC와 평행하게 선분 DG를 긋는다. 그리고 두 선분 DG와 FC의 중심을 지나는 선분을 긋는다.

이제 A에서 BC와 평행한 선분을 변 EC까지 긋고, 만나는 점을 H라 하자. 또 꼭지점 E에서 AH와 평행한 선분을 긋고, 만나는 점을 I라 하자. 앞에서와 같은 방법으로 두 선분의 중심을 지나는 선분을 그리면 ②번 정사각형을 네 부분으로 나눌 수 있게 된다.

위의 그림은 3세기경, 중국의 수학자 유희가 피타고라스 정리를 증명하기 위해서 이용한 그림이다. 먼저 두 개의 작은 정사각형의 대각선을 왼쪽에서부터 오른쪽으로 긋는다. 그리고 나서 이 대각선에 접하며, 큰 정사각형의 왼쪽과 오른쪽 변에 평행한 선분을 작은 정사각형의 꼭지점에서부터 각각 긋는다. 그러면 두 개의 작은 정사각형은 각각 네 부분으로 나뉘어진다. 두 정사각형의 모양을 오려 내어 그림에서와 같이 큰 정사각형에 붙이면 피타고라스의 정리가 성립한다는 것을 알 수 있다. 이 그림은 이 책의 부록에 그려져 있으므로 여러분들이 직접 오려서 확인해 보기 바란다.

위 그림은 부쳐라는 사람이 만든 증명 방법이다. 먼저 두 개의 작은 정사각형의 대각선을 긋는다. 그리고 왼쪽의 정사각형 위로 밑의 큰 정사각형의 한 변을 연장한다. 이 때 생긴 좁고 긴 삼각형과 합동인 삼각형을 대각선의 오른쪽에 그려 넣는다. 계속해서 큰 정사각형의 한 변의 연장선이 왼쪽의 작은 정사각형과 만나는 점을 꼭지점으로 갖는 아주 작은 정사각형을 그린다. 그러면 위의 두 정사각형은 모두 일곱 조각으로 나뉘어지고, 이것은 오려서 그림과 같이 큰 정사각형에 겹친다. 이로써 피타고라스의 정리가 성립한다는 것을 알 수 있다. 이 그림도 부록에 제시되어 있으므로 직접 오려서 실험해 보기 바란다.

피타고라스의 정리는 '만물의 근원은 정수' 라는 피타고라스 학파의 중심 사상을 무너뜨렸다. 왜냐하면 이 정리를 이용해서 '무리수' 를 찾았기 때문이다.

그렇다면 무리수란 무엇일까?
초등학교 수학에서 배우는 수는 자연수와 분수 그리고 소수이다. 중학교에서는 수의 범위를 더욱 확장하여 정수와 유리수 그리고 무리수까지 공부하게 된다. 중학교에서부터는 초등학교에서 배운 자연수 1, 2, 3… 등을 양의 정수라고 하며, 자연수 앞에 빼기 기호 '-'를 붙여서 양의 정수와 반대되는 개념인 수를 음의 정수라고 한다. 즉, -1, -2, -3… 등은 음의 정수이다. 정수는 0을 원점 0로 하는 수직선 위에 나타낼 수 있는데, 이때 양의 정수는 원점 0의 오른쪽에 있는 점에 대응시키고, 음의 정수는 원점 0의 왼쪽에 있는 점에 대응시킨다.

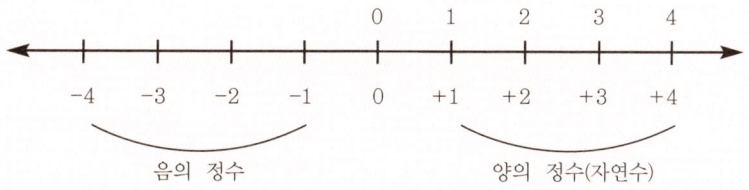

따라서 양의 정수는 숫자가 클수록 더 큰 수이지만, 음의 정수는 숫자가 클수록 더 작은 수가 된다.

초등학교에서 배우는 수 가운데에서 분수와 소수는 정수가 아니다. 그러나 0.5, 0, -3은 $\frac{1}{2}, \frac{0}{3}, -\frac{6}{2}$과 같이 분자와 분모가 모두 정수인 분수로 나타낼 수 있다. 이와 같이 분자와 분모(0이 아니다)가 모두 정수인 분수로 나타낼 수 있는 수를 유리수라고 한다. 이를테면, 1, -1, 0, 1.5, -0.7 등은 모두 유리수이다. 따라서 유리수를 다음과 같이 분류할 수 있다.

$$\text{유리수} \begin{cases} \text{정수} \begin{cases} \text{양의 정수(자연수)} \\ \text{영(0)} \\ \text{음의정수 } (-1, -2, -3, \cdots) \end{cases} \\ \text{정수가 아닌 유리수 } (\frac{1}{2}, -\frac{1}{2}, -\frac{1}{3}, \cdots) \end{cases}$$

피타고라스의 정리 실험하기 171

정수와 마찬가지로 유리수도 양의 유리수와 0 그리고 음의 유리수로 나눌 수 있으며, 수직선 위에 나타낼 때 양의 유리수는 원점 0의 오른쪽에 있는 점에 대응시키고, 음의 유리수는 원점 0의 왼쪽에 있는 점에 대응시킨다.

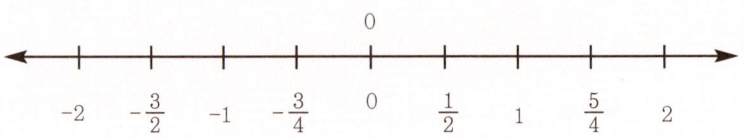

그런데 우리가 사용하는 수 가운데에는 분자와 분모(0이 아니다)가 모두 정수인 분수로 나타낼 수 없는 수도 있다. 이런 수를 무리수라고 한다. 이를테면 원의 지름과 둘레 사이의 비율을 나타내는 원주율 π 는 분자와 분모(0이 아니다)가 모두 정수인 분수로 나타낼 수 없기 때문에 무리수이다. 또한 같은 수를 두 번 곱하여 2가 되는 수인 $\sqrt{2}$ 도 무리수이다. 사실 유리수보다는 무리수가 훨씬 많다고 할 수 있다.

이제 피타고라스의 이야기로 돌아가자.

당시 피타고라스 학파의 한 사람이었던 히파수스는 처음으로 무리수를 발견했는데, 이 일은 피타고라스 학파에게는 큰 충격이었다. 그래서 그들은 이런 수들을 '비합리적인' 또는 '비이성적인'이라는 뜻의 그리스 어인 '하르곤'이라 부르며 오랫동안 극비에 붙였다. 그러나 이 발견을 발표하지 않겠다고 약속한 히파수스는 끝내 약속을 지키지 못했다. 전해오는 이야기에 따르면, 피타고라스 학파 사람들이 히파수스를 산 채로 지중해에 던졌다고 한다.

무리수의 발견을 발표하지 않은 피타고라스 학파는 정오각형에 별을 그려 넣은 모양을 그들 학파의 상징으로 삼았는데, 그 이유는 별들의 임의의 한 변은 그것과 교차되는 나머지 두 변을 '황금 분할' 하기 때문이다. 그런데 황금비가 무리수임을 생각하면 좀 모순되는 일이다.

'황금 분할' 또는 '황금비' 라는 명칭은 그리스의 수학자 에우독소스가 처음으로 사용했지만, 황금 분할은 이미 기원전 4700년경에 건설된 이집트의 피라미드에 나타나있다. 그리스인들은 이 황금비에 흠뻑 빠져서 장신구, 그림, 조각품, 건축물 등에 즐겨 사용했다. 우리 나라의 경우, 황금비를 사용한 가장 아름다운 구조물로는 경주의 석굴암을 꼽을 수 있다.

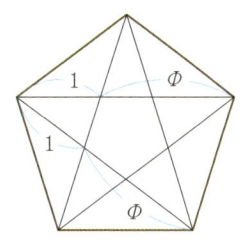

피타고라스 학파의 상징인 성오각형 안에 그려진 별

황금비를 나타내는 기호 Φ 는 황금비를 조각에 이용하였던 피디아스(Phdias)의 그리스 어 머리글자를 딴 것이며 수학적으로는 다음과 같은 식을 만족하는 값이다.

$$\frac{1}{\Phi} = \Phi - 1$$

이 식은 $\Phi^2 - \Phi - 1 = 0$ 과 같고, 이 방정식을 만족하는 해는 $\frac{1+\sqrt{5}}{2}$ 와 $\frac{1-\sqrt{5}}{2}$ 두 개이다. 이 중에서 $\Phi = \frac{1+\sqrt{5}}{2} = 1.618 \cdots$ 이다. 특히 '가로와 세로의 비' 가 $\Phi : 1$ 인 직사각형을 '황금직사각형' 이라고 하며 신용카드나 버스카드 등에 사용되고 있다.

황금직사각형

우리의 신체에서도 황금비를 찾을 수 있다. 그림에서 보듯이 배꼽이 전신을 황금비로 나누며, 목은 상체를 황금비로 나누고, 무릎은 하체를 황금비로 나눈다. 또한 머리는 황금직사각형에 딱 들어맞고 얼굴도 황금비로 나누어지며, 손도 황금비를 이룬다.

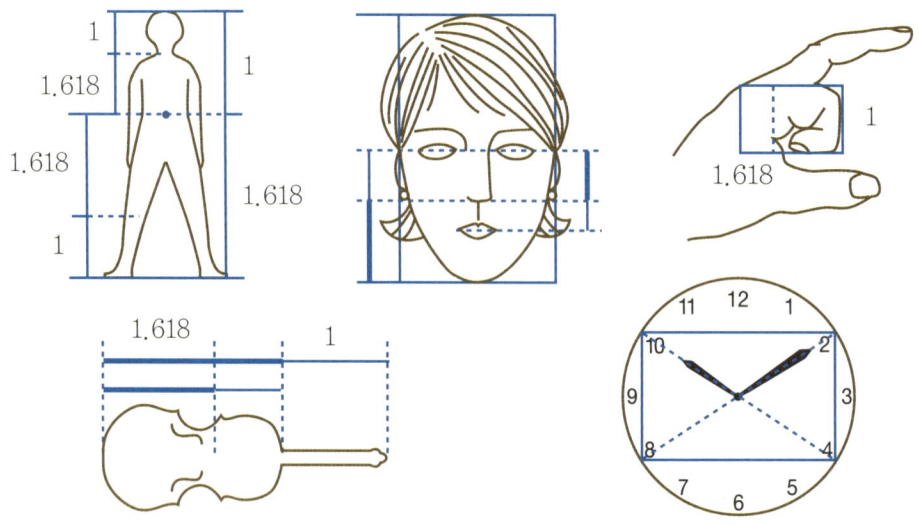

위에서 예로 든 것 이외에도 황금비는 우리 주변에 너무 많이 있다. 가장 비근한 예로, 매일 보는 시계에서도 찾을 수 있다. 탁상시계와 손목시계는 위의 그림처럼 일반적으로 10시 10분 또는 8시 20분일때 황금직사각형을 만든다. 그래서 시계방이나 시계 광고 또는 시계사 배경인 광고의 시계는 대부분 10시 10분에 맞춰져 있다. 주위를 둘러보고 황금비를 찾아보는 것도 즐거운 수학의 과정이 될 것이다.

이제 자동적으로 황금 분할 지점을 알려 주는 도구인 '캘리퍼스'를 만들어 보자. 우선, 큰 정오각형을 작도하고 그 안에 별을 그려 넣는다. 막대기 두 개를 처음 그림과 같이 별의 대각선상에 겹쳐 놓고 교차되는 지점을 움직일 수 있도록 연결한다.

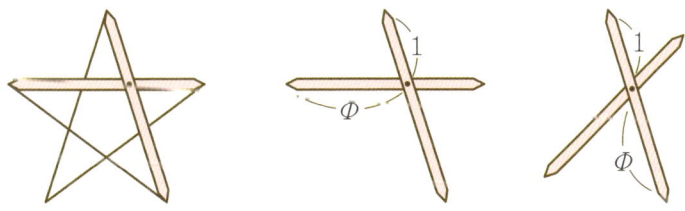

이와 같은 모양의 연결된 막대를 두 개 준비한 다음, 이 두 개의 막대를 다음의 첫 번째 그림과 같이 연결한다. 이렇게 완성된 캘리퍼스에서 막대의 양 끝 부분을 직선의 양 끝 부분에 갖다 대면, 중간의 막대 끝이 황금 분할 지점을 가리키게 된다.

 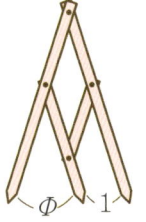 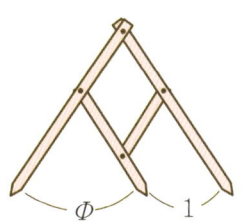

놀이로 알아내는 소수

    1을 제외한 모든 자연수는 1과 자기 자신을 약수로 가지기 때문에 적어도 두 개의 약수를 가진다. 특히 약수가 두 개뿐인 자연수는 아주 중요한 역할을 하는데, 이런 수들을 다음과 같이 정의한다.

    "1과 자기 자신 이외의 다른 자연수로 나누어지지 않는 자연수 p(단, $p>1$)를 소수라고 한다. 한편 1보다 큰 자연수 a가 소수가 아닐 때, 즉 $a=de$, $1<d<a$, $1<e<a$인 정수 d, e가 존재할 때 a를 합성수라고 한다."

    특히 1보다 큰 임의의 자연수는 소수의 곱으로 나타낼 수 있는데, 이를 '소인수분해'라고 한다. 이와 마찬가지로 다항식에서도 다항식을 인수의 곱으로 나타내는 것을 '인수분해'라고 한다. 인수분해는 방정식의 해를 쉽게 구할 수 있어 매우 편리한 수학적 방법이다. 인수라고 하는 것을 말 그대로 풀면 '어떤 수의 바탕이 되는 수'이다.

여기서 '인(因)'이라고 하는 것은 '바탕, 원인'이라는 뜻을 가진 한자말이다. 수에서 '인수'라고 하면 '약수'와 같은 뜻으로 생각하면 된다. 그런데 실제로 이러한 단어가 사용되는 경우를 보면, 주로 숫자를 놓고 이야기할 때에는 '약수'라는 말을 쓰고, 식을 놓고 이야기할 때에는 '인수'라는 말을 많이 쓴다.

그렇다면 '소수'를 위와 같은 어려운 정의를 이용하지 않고도 찾을 수 있는 방법은 없을까? 물론 있다. 연필과 모눈종이만 준비하면 된다. 그럼 다 같이 해 보도록 하자.

모눈종이에서 한 칸을 1이라고 하고, 아래에 주어진 각각의 수에 해당하는 만큼 모눈종이에 사각형을 그려 보자. 단, 주어진 각각의 수를 모눈종이에 사각형을 그려서 나타낼 수 있는 방법은 모두 다 찾아야 하는데, 이 때 사각형이 아닌 것은 제외한다.

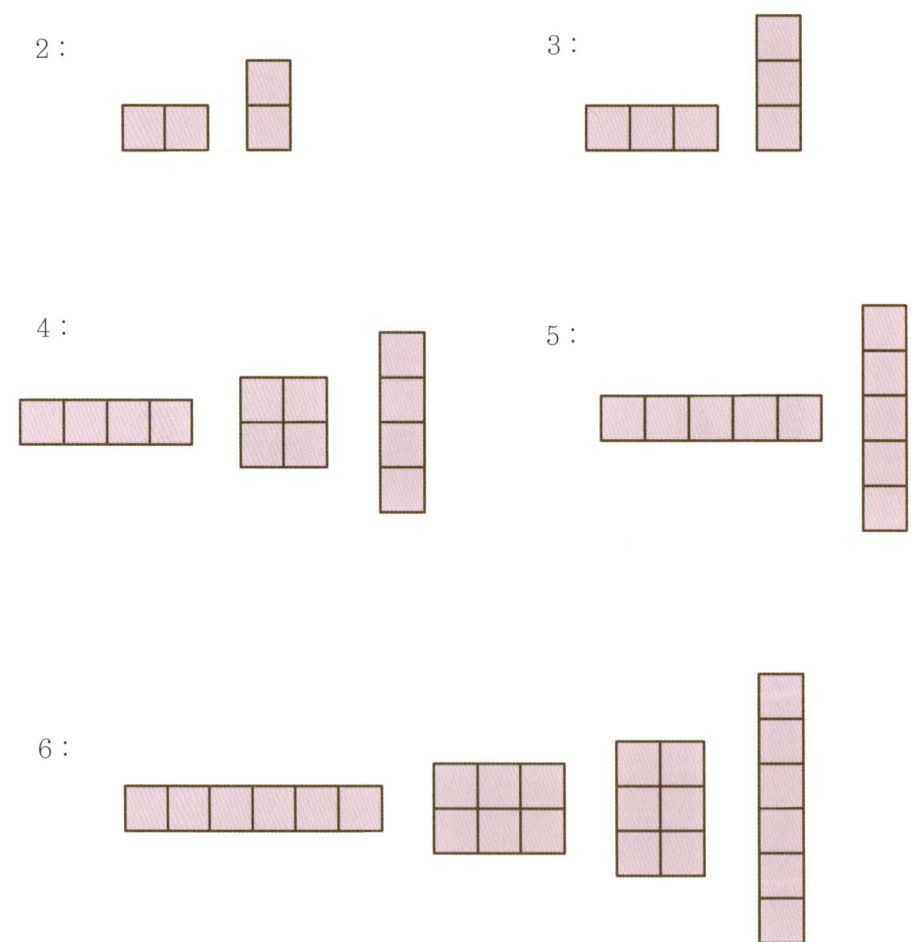

그림에서 4의 경우에는 모눈종이 위에 그릴 수 있는 사각형이 모두 세 가지이고, 2, 3, 5의 경우에는 두 가지뿐이다. 좀 더 많은 숫자를 그려 보면 더 흥미로운 사실을 알 수 있다.

이와 같은 그림의 규칙에서 소수를 찾아 낼 수 있다.

그림에서 보면 소수는 모두 두 가지 모양만 갖는다. 그 이외의 숫자들은 세 가지 이상의 모양을 갖는다. 따라서 소수는 모눈종이에 직사각형으로 나타냈을 때, 오직 두 가지로 나타낼 수 있는 수이다.

또 이 그림을 이용하면 어떤 수의 약수의 개수도 알아 낼 수 있다. 예를 들어, 4와 9의 약수는 각각 세 개임을 알 수 있고, 6과 8 그리고 10과 12 등은 약수의 개수가 4개 이상인 것을 알 수 있다.

위의 그림으로 알 수 있는 또다른 수의 특징 중 하나는 완전제곱수이다. 완전제곱수는 어떤 자연수를 제곱해서, 즉 두 번 곱해서 얻어지는 수로, $4=2\times2$, $9=3\times3$, $16=4\times4$와 같은 수들이다. 이 수들은 직사각형의 배열을 반드시 세 개만 갖는다는 것을 알 수 있다. 따라서 그림을 그려 보면 그 수의 특징을 바로 알 수 있다. 이와 같이 수학에 그림을 도입하면 매우 편리할 때가 많다.

이번에는 모눈종이를 이용한 게임을 해 보도록 하자.

여기에서는 기본 게임으로 모눈종이 다섯 칸으로 만든 사각형을 여러 가지 모양으로 만드는 것을 소개하는데, 사각형의 개수를 바꾸면 새 게임을 시작할 수 있다.

게임 방법은 간단하다. 2~3명이 순서를 정한 후, 순서에 따라 모눈종이에 다섯 칸으로 만들 수 있는 도형을 선으로 이어 표시를 한다. 이 때 서로 다른 모양을 찾아야 하는데, 모눈종이를 이리저리 돌려 보았을 때 같은 모양이 나오는 것은 모두 같은 모양으로 여긴다.

또, 다음 그림과 같이 대칭이 되는 그림도 같은 모양으로 여긴다.

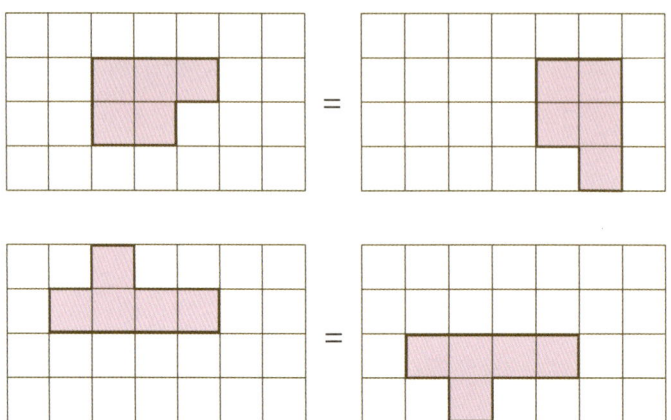

이와 같은 방법으로 여러 가지 모양을 번갈아 찾다가, 자기 순서일 때 더 이상 새로운 모양을 찾지 못하는 사람이 지는 게임이다. 이 게임은 초등학교 저학년 어린이부터 시작해서 누구라도 즐길 수 있는 것으로써, 수준에 따라 사각형의 개수를 조절하면 된다.

다음 그림은 5개의 사각형을 가지고 게임을 하는 경우에 만들 수 있는 모양을 모두 찾은 것이다. 여러분도 사각형의 개수를 조정해서 친구들과 수학을 즐겨 보기 바란다.

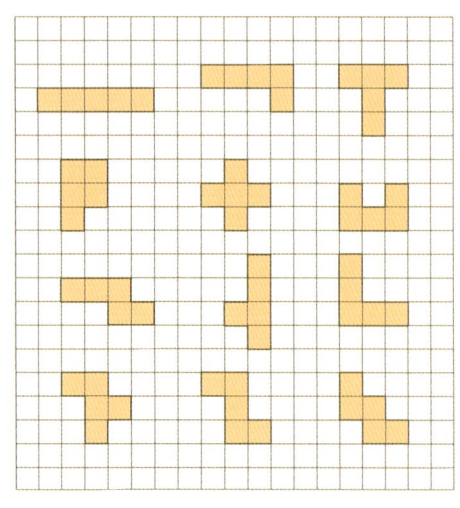

암호 만들기

만약 자신의 신용카드 번호와 비밀 번호가 다른 사람에게 알려진다면 어떻게 될까? 은행에서도 마찬가지이다. 계좌 잔고라든가 거래 내역이 공개되는 것은 결코 바람직한 일이 아니다. 전자 상거래나 인터넷 뱅킹처럼 전자공학을 이용한 정보 교환이 늘어날수록 암호를 사용한 보호 장치가 필요하다. 오늘날 전자 상거래에서 가장 널리 쓰이는 암호는 '공개열쇠암호체계(RSA)'이다.

공개열쇠암호체계는 1978년 MIT 대학의 리베스트(Rivest), 샤미르(Shamir), 애들먼(Adleman) 세 사람이 소인수분해의 원리를 이용해서 만든 것으로, 그들 이름의 머리글자를 따서 'RSA'라 이름 붙였다.

예를 들어, 두 소수 p=47과 q=59의 곱이 2773임을 계산하는 것은 쉽지만, 거꾸로 2773을 소인수분해해서 두 소인수 47과 59를 찾는 것은 쉬운 일이 아니다. 공개열쇠암호체계는 이 원리를 이용해서 아주 큰 두 소수 p, q를 비밀 열쇠로 하고, 그의 곱 m을 공개 열쇠로 쓰고 있다. 만약 p와 q가 130자리이면, 현

재의 계산 방법에 의해 컴퓨터로 이것을 푸는 데 약 한 달이 걸린다고 한다. 만약 400자리이면 10억 년이 걸린다는 것이다.

　암호의 이용은 고대로부터 시작되었다. 어느 시대, 어느 나라의 언어라도 마찬가지이지만, 예를 들어, 영어의 일반적인 문장을 암호화하려면 알파벳의 사용 빈도수를 알면 편리하다. 알파벳의 각 철자는 어느 나라에서 쓰이는가에 따라 빈도수의 비율에 차이가 난다. 독일어, 영어, 프랑스 어, 이탈리아 어, 스페인 어에는 e가 가장 자주 쓰이며, 포르투갈 어에서는 a가 가장 많이 사용된다. 그리고 독일어, 영어에서는 q가 가장 드물고, 그 밖의 언어에서는 w가 드물다. 다음 표는 영어의 각 철자가 쓰이는 빈도수를 나타낸 것이다.

빈도수(%)

알파벳	빈도수	알파벳	빈도수	알파벳	빈도수	알파벳	빈도수
a	8.04	b	1.54	c	3.06	d	3.99
e	12.51	f	2.30	g	1.96	h	5.49
i	7.26	j	0.16	k	0.67	l	4.14
m	2.53	n	7.09	o	7.60	p	2.00
q	0.11	r	6.12	s	6.54	t	9.25
u	2.71	v	0.99	w	1.92	x	0.19
y	1.73	z	0.09				

위의 표에서 알 수 있듯이 e를 대신한 기호가 무엇인지 안다면, 해독 작업은 한층 수월해질 것이다. 영어에서 가장 빈번하게 짝지어지는 철자는 th이며, he, an, in, er 등이 그 다음으로 많이 나타난다. 그리고 e 다음으로 빈도수가 높은 철자를 순서대로 나열해 보면 r, s, n 그리고 d 등이다. 또한 출현 빈도수가 가장 높은 짧은 단어들은 the, of, and, to, a, in, that, is 순이다. 이와 같은 통계 특성은 암호를 해독할 때 결정적인 도움을 준다.

암호는 실생활에 많이 사용되지만 소설에도 종종 등장한다. 영국의 추리소설 작가 코넌 도일이 만들어 낸 명탐정 셜록 홈즈는 우리에게 잘 알려진 인물이다. 홈즈의 활약을 그린 작품 중 『춤추는 인형』에는 재미있는 그림 암호가 나오는데, 다음 그림은 그 일부분이다.

『춤추는 인형』에서 셜록 홈즈는 위와 같은 그림의 암호 메시지를 해독해 달라는 의뢰를 받는다. 이 그림에서 춤추는 인형 가운데 몇 개가 깃발을 들고 있

는데, 이것은 단어마다의 끝 철자를 나타내는 것이었다. 또한 그림에서 가장 자주 나오는 모양은 다리를 넓게 벌리고 두 팔을 위로 뻗은 형태인 ㅅ이다. 소설에서 홈즈는 이 모양을 e라고 추리했다. 이와 같이 위에서 설명한 방법으로 그림들을 추리하면 앞부분의 그림은 정확한 표현은 아니지만 "여기에 있다 Abe Slaney"라는 뜻으로 "AM HERE ABE SLANEY"가 되고, 뒷부분의 그림은 "그렇지 않다."는 뜻의 "NEVER"가 된다.

그렇다면 셜록 홈즈가 했던 대로 다음 암호를 해독해 보라.

소설 속에 등장하는 또다른 암호는 1930년경 월터 깁슨의 유명한 추리 소설인 『그림자』에서도 찾아볼 수 있다. 이 소설에는 다음과 같은 암호 통신법이 나온다.

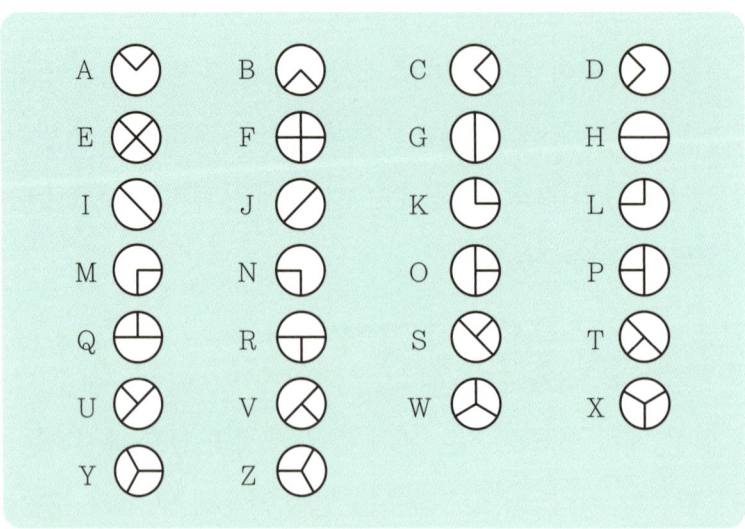

또한 보다 복잡하게 만들기 위하여 다음과 같은 네 개의 그림을 추가했다.

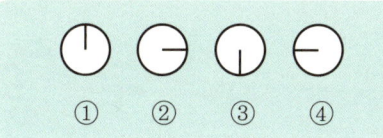

위의 그림 각각은 오른쪽으로의 회전을 나타내는데, ①은 원위치, ②는 90° 회전, ③은 180° 회전, ④는 270° 회전 후의 결과를 나타내는 것이다. 다음 그림은 영어 'FUNNY MATH'를 이 암호 통신법으로 암호화한 것이다.

다음 그림은 위와 같은 방법으로 삭성된 암호문이다. 한번 해독해 보기 바란다.

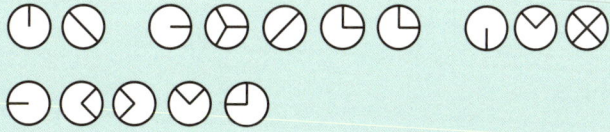

참! 앞에서 제시한 셜록 홈즈의 춤추는 인형 암호의 답은 "COME HERE AT ONCE(이 곳으로 한번 와라.)"이고, 바로 위에 있는 암호 통신법에 따른 암호는 바로 "I WILL BE BACK(곧 돌아오겠다.)"이다.

이와 같은 방법을 사용하여 다음 문장을 암호화하여 보아라.

"Boys, be ambitious"

답은 196쪽에

성벽 쌓기 놀이

옛날에 외적에 맞서 싸우면서 나라를 지키려면 튼튼하게 잘 지어진 성이 있어야 했다. 우리 나라에도 많은 성곽과 성터가 남아 있다. 우리 나라에 지어진 많은 성 중에서도 정조왕 때 지은 수원성은 그 과학적, 예술적 가치가 세계적으로 뛰어나다고 한다.

이 성의 원래 이름은 '화성'이다. 화성은 사적 제3호로 지정되어 있으며, 조선 시대 제22대 정조왕 때인 1794년 1월에 성을 짓기 시작해서 1796년 9월에 완성되었다. 처음 성을 만들었을 때에는 48개의 시설물이 있었지만, 시가지 조성과 전쟁 등으로 없어지고, 지금은 41개 시설물만이 남았다고 하니 안타까운 일이다. 그래도 다행히 수원성은 1997년 12월에 유네스코가 지정한 세계 문화 유산으로 등록되었다.

 성을 만들기 위해서는 적당한 크기의 벽돌을 일정하게 쌓아야 한다. 그런데 벽돌을 쌓을 때도 수학이 필요하다. 벽돌 쌓기에는 수학의 한 분야인 '이산 수학'의 이론이 필요하다. 그러나 이산수학에 대해서는 이미 앞에서 소개했으므로, 여기서는 벽돌 쌓기라는 놀이를 통해서 수학적 아이디어를 발달시키고자 한다.

 성벽의 윗부분은 거의 대부분 올록볼록한 형태로 되어 있다. 그림과 같이 높고 낮은 모양을 가진 이런 형태를 총구멍을 가진 '흉벽'이라고 한다. 군사들은 흉벽의 높은 부분 뒤로는 숨고, 낮은 부분에서는 적의 움직임을 관찰하거나 활을 쏘았다. 이와 같은 흉벽은 벽돌을 세우거나 눕혀서 만든다. 이렇게 흉벽을 만들기 위해 벽돌을 세우거나 눕히는 배열 방법을 이용하여 재미있는 게임을 해 보자.

다음 그림에서와 같이 세워 놓은 벽돌을 S, 눕혀 놓은 벽돌을 L이라 하자.

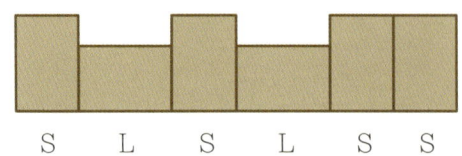

다음 그림과 같이 연속적으로 나란히 세워 놓은 두 개의 벽돌이 있으면 한 개의 벽돌로 눕혀 놓고, 두 개의 벽돌이 나란히 눕혀져 있으면 한 개의 벽돌로 세워 놓는다. 이것을 기호로 표시하면 연속적으로 서 있는 SS는 누워 있는 L로, 연속적으로 누워 있는 LL은 서 있는 S로 바꾸어 주는 것이다.

예를 들어, 세워 놓은 벽돌과 눕혀 놓은 벽돌의 배열이 아래 그림과 같이 SLSSLSL이라고 해 보자.

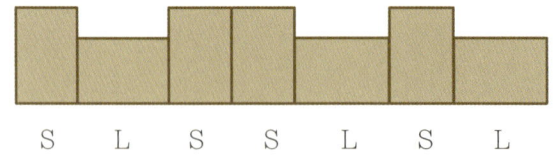

그러면 그림에서와 같이 첫 번째 단계에서는 두 개의 연속되는 SS를 L로 바꾸어 SLLLSL을 얻을 수 있다. 그리고 다시 연속된 세 개의 LLL 중에서 앞

의 두 개를 S로 바꾸면 SSLSL이 된다. 이와 같은 방법으로 계속 하다 보면 마지막으로 S, 즉 세워 놓은 벽돌 하나만 남게 된다.

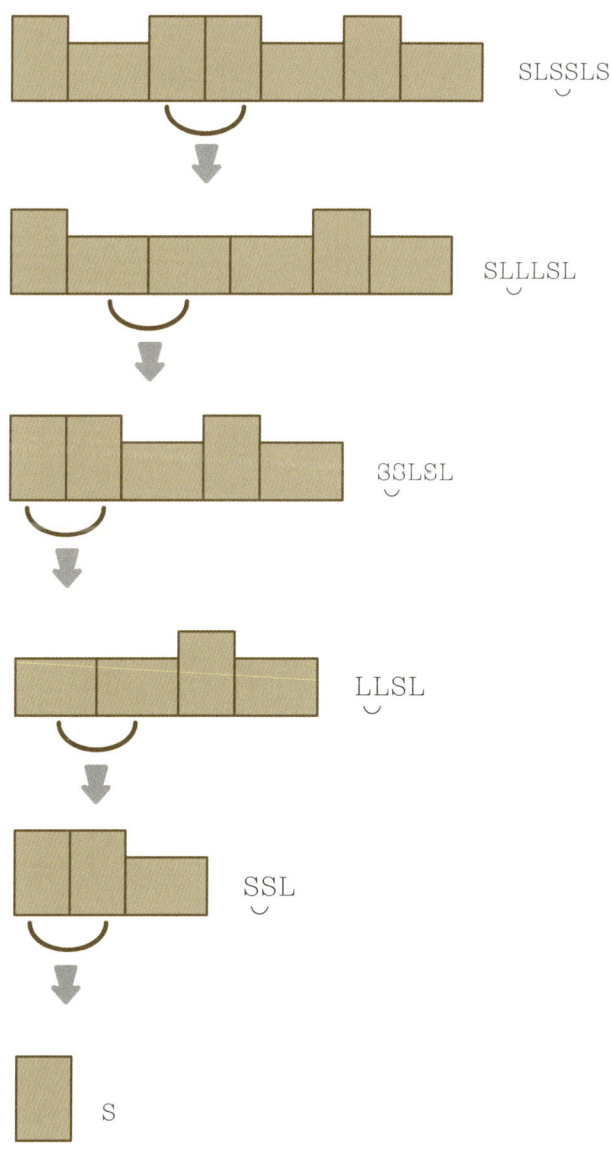

그러나 두 번째 단계의 연속된 세 개의 LLL에서 앞의 두 개가 아니고 뒤의 두 개를 선택하면 다른 결과가 나온다.

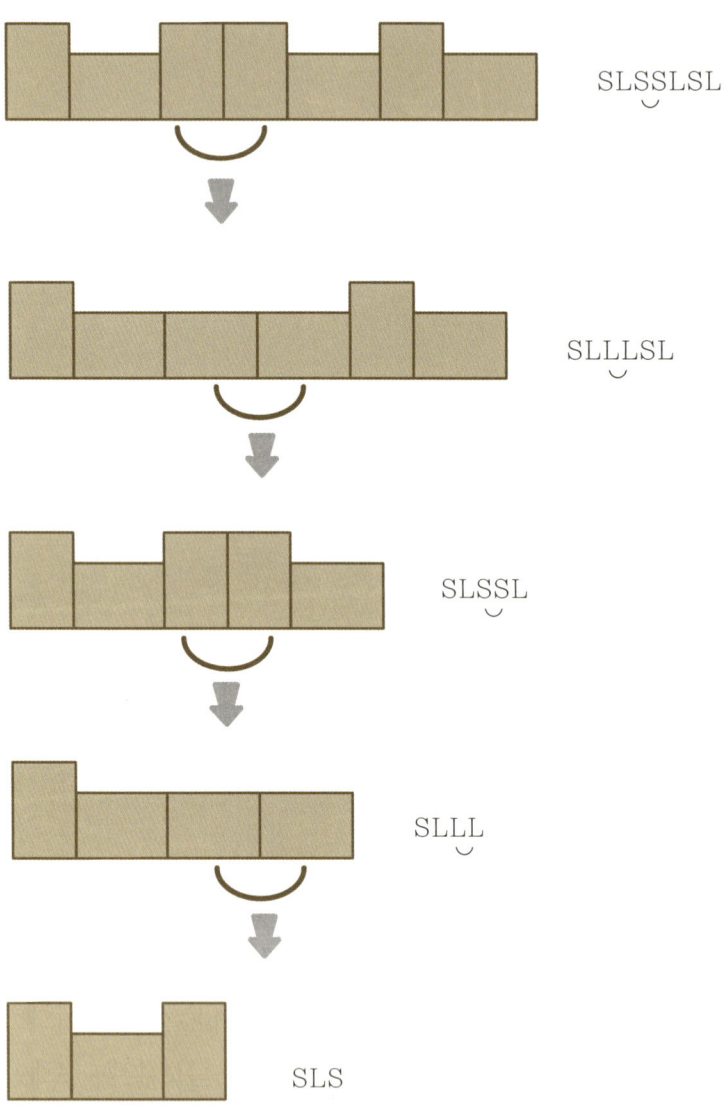

그림에서처럼 두 번째 단계의 SLLLSL에서 뒤의 LL을 선택하면 SLSSL이 되고 다시 SS를 L로 바꾸면 SLLL이 된다. 여기에서 다시 두 가지 경우가 나오는데, 먼저 앞의 LL을 택하면 SSL이 되고 LL이 되어 결국 S가 된다. 그러나 SLLL에서 뒤의 LL을 택하면 SLS가 된다. 어떻게 선택하느냐에 따라서 결과가 달라지는 것이다.

이와 같은 방법으로 게임을 진행해서 벽돌을 더 이상 줄일 수 없을 때까지 줄였을 경우, 가장 적은 수의 벽돌을 남기면 이기는 게임이다. 물론 같은 결과를 얻었을 때는 먼저 알아 낸 사람이 이기는 것으로 한다.

이 게임에서 한 가지 주의해야 할 점은 처음에 주어지는 배열이 줄일 수 있는 배열이어야 한다는 것이다. 예를 들어, 다음 그림과 같은 배열은 더 이상 줄일 수가 없다.

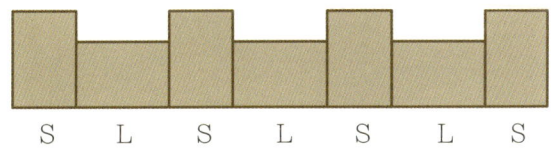

이제 다음에 주어진 벽돌 배열을 보고 위의 게임을 즐겨 보자. 주어진 그림을 바꾸어 가장 적게 나오는 벽돌의 종류와 개수를 구하기 위해서 먼저, 이 벽돌의 배열을 S와 L을 이용하여 표현하라.

답은 196쪽에

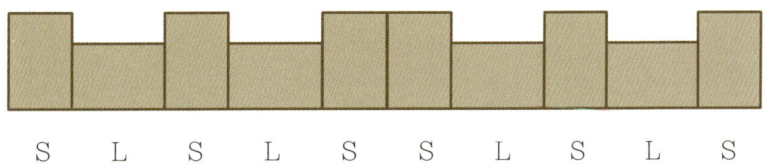

이 책에서 주어진 벽돌 이외에, 다양한 벽돌의 배열을 이용해서 친구들과 게임을 즐겨 보자. 수학은 직접 시도해 봐야 그 재미를 알 수 있다.

해답

45쪽

(1) $\frac{4}{5} = \frac{1}{2} + \frac{1}{4} + \frac{1}{20}$

(2) $\frac{5}{7} = \frac{1}{2} + \frac{1}{6} + \frac{1}{21}$

(3) $\frac{5}{8} = \frac{1}{2} + \frac{1}{8}$

(4) $\frac{3}{10} = \frac{1}{4} + \frac{1}{20}$

81쪽

이집트 (1) 4729 =

(2) 62974 =

그리스 (1) 4729 =

(2) 62974 =

마야 (1) 4729 = 13 × 360 + 2 × 20 + 1 =

(2) 62974 = 8 × 7200 + 14 × 360 + 16 × 20 + 14 =

바빌로니아 (1) 4729 = 1 × 3600 + 18 × 60 + 49 =

(2) 62974 = 17 × 3600 + 29 × 60 + 34 =

93쪽 이 나무는 1932년부터 1968년까지 산 나무이다.

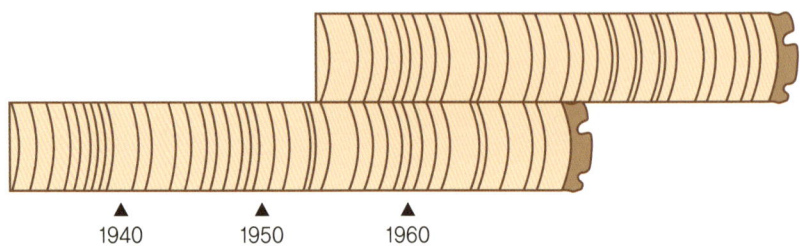

118~119쪽

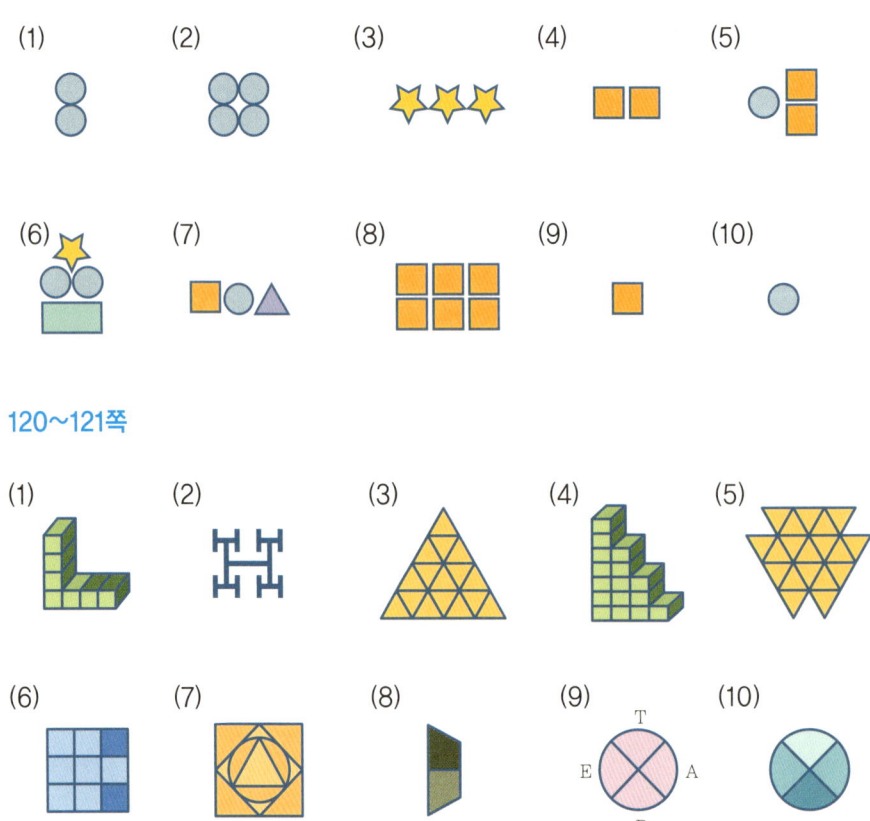

120~121쪽

138쪽

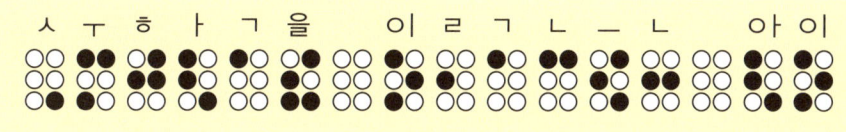

147쪽

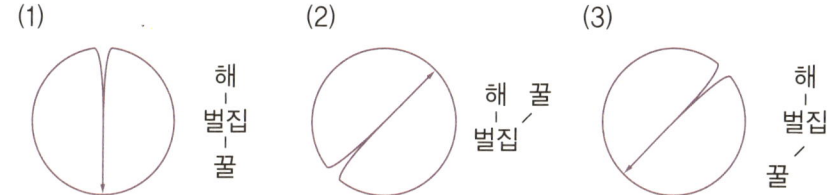

150쪽

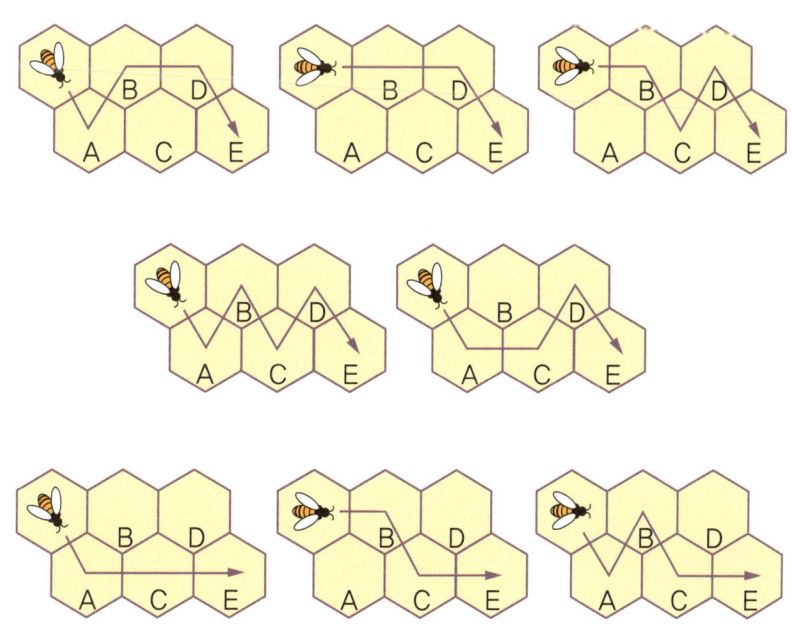

185쪽

B　o　y　s　　b　e　　a　m　b　i　t　i　o　u　s

191쪽

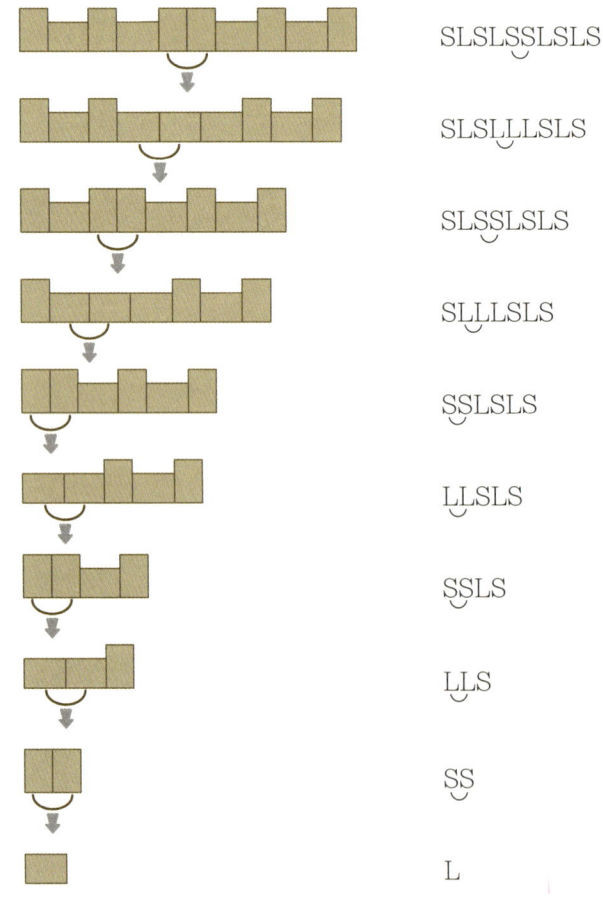

부록

93쪽

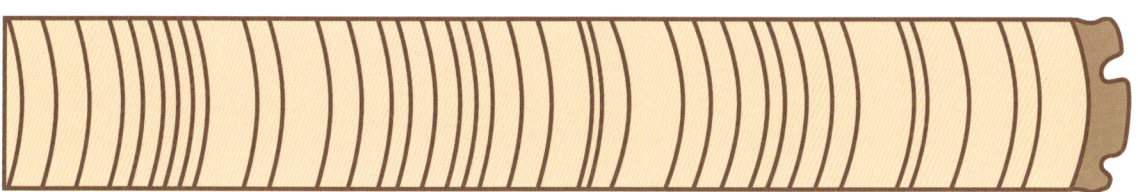

155쪽

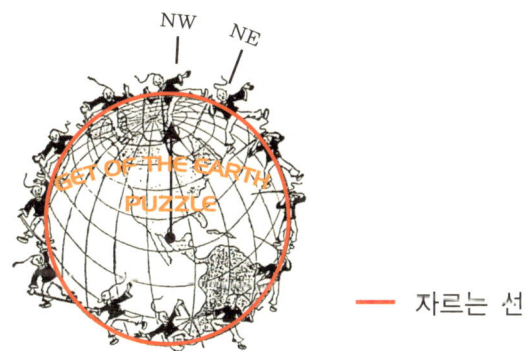

— 자르는 선

169쪽

170쪽

밥상에 오른 수학

초판 1쇄 발행 2004년 4월 30일 개정판 6쇄 발행 2016년 9월 1일

지은이 이광연 **그린이** 노희성 **펴낸이** 오연조
편집 조애경 **디자인** 성미화 **마케팅** 성진숙 **경영지원** 김은희
펴낸곳 ㈜상상스쿨 **출판등록** 2007년 6월 29일 제2009-000075호
주소 경기도 고양시 일산동구 정발산로 43-20 센트럴프라자 7층
전화 031-900-9999 **팩스** 031-901-5122
이메일 book@sangsangschool.co.kr

ⓒ 이광연, 2004

*이 책은 저작권법에 따라 보호받는 저작물이므로 무단 전재와 복제를 금지하며,
 이 책의 전부 또는 일부를 이용하려면 반드시 저작권자와 ㈜상상스쿨의 동의를 받아야 합니다.

ISBN 978-89-960234-3-2 73410

상상스쿨 어린이들의 즐거운 상상 놀이터
상상스쿨은 ㈜위즈덤하우스의 유아·아동 전문 자회사입니다.